»Die Welt gehört dem, der sie genießt.«

Giacomo Leopardi

Heimatliebe Laupheim

Traditionelle Kochkunst – neu entdeckt

Anja Kislich / Sabine Zolper

150 JAHRE
Stadt Laupheim

Was bedeutet Essen für uns heute?

Wir verbinden damit Freude und Genuss, oft sogar ein Lebensgefühl. Manchmal auch Geborgenheit, Familienleben und Tradition. Gleichzeitig werden unsere eigenen kulinarischen Entscheidungen immer häufiger in Frage gestellt. Unser Essen soll nicht nur unseren eigenen Ansprüchen genügen, sondern auch umweltverträglich sein. Bei der Stadtgründung Laupheims vor 150 Jahren waren die meisten Menschen arm. Unsere Großmütter mussten sparsam haushalten und gingen sehr bewusst mit ihren Lebensmitteln um. Essensreste wurden nicht weggeworfen, sondern für ein neues Mahl von morgen wiederverwendet. Die Zutaten waren automatisch saisonal und regional. Man aß eben, was gerade da war.

Eindrücke, die uns heute wieder neu inspirieren.

Dieses Kochbuch ist weder ein Geschichtsbuch, noch hält es dem heutigen Laupheim einen Spiegel vor. Vielmehr beschreibt es Blitzlichter der Vergangenheit und Gegenwart mit neuen Impressionen und alten Erinnerungen. Es ist ein Versuch, unsere historischen Wurzeln als eine neue Kraftquelle zu erschließen. Wir wagen einen neugierigen Blick hinter die Kulissen und auf die besonderen Menschen, denen wir auf dieser Abenteuerreise begegnen. Begleitet wurde unser Projekt vom legendären Laupheimer Fotokreis, der unsere Eindrücke lebendig in Bildern eingefangen hat.

Entdecken Sie mit uns das alte und neue Laupheim. Und wer weiß, vielleicht hilft uns ja der Blick zurück auf unserem Weg nach vorne.

Viel Vergnügen und Genuss wünscht Ihnen Ihr

Gerold Rechle

Oberbürgermeister Gerold Rechle

INHALT NACH THEMEN

INHALT NACH GERICHTEN

EINE REISE IN DIE VERGANGENHEIT

Was aßen früher die Schlossherren und welche Leckereien zauberte unsere Großmutter bei Festtagen auf den Tisch?

Vor uns liegen sehr alte Kochbücher. Jedes einzelne so einmalig, wie der Mensch, der es geschrieben hat. Der Geruch von Leder und altem Papier lässt die Zeit um uns herum stillstehen. Sabine blättert vorsichtig in den zerbrechlichen Seiten eines kleinen Rezeptbüchleins, während ich genüsslich mein Mittagessen verspeise. Die Schrift ist liebevoll hingekrakelt und kaum lesbar, Wasserflecken und blaue Tintenkleckse erzählen vom fleißigen Gebrauch. „Oh je!" Sabine wird blass. „Die Rezepte beginnen ja mit dem lebendigen Tier!" „Was?", ich lasse meine Gabel sinken. „Die erklären als Erstes, wie man ein Tier schonend schlachtet, ausnimmt und weiterverarbeitet." Ich schiele auf mein Essen. „Wenn ich das selbst machen müsste, würde ich bestimmt weniger Fleisch essen.", murmele ich. „Was für Rezepte gibt es denn da?" Sabine zählt auf: „Fischsuppe, Froschsuppe, Schneckensuppe..." Schneckensuppe?! „...Kalbskopf, Ochsenschwänze, Leberpudding, Gebackene Lamm-Lungen, Ragout von Schafszungen..." Das hört sich ja an wie ein Halloween-Essen aus dem Gruselkabinett. „...Hammel-Euter." „Was? Das kann nicht sein!", unterbreche ich sie. Sabine lacht. „Ach, das heißt ja „Semmel Eier". Die Schrift ist aber auch wirklich schwer zu lesen...Dann noch Tauben, Hasen, Grünzeug, Pilze...Ich glaube, die Leute haben einfach alles gegessen, was sie in ihrer Umgebung finden konnten." Ich nicke. „Temperaturangaben?" „...Man feuere auf kleiner Flamme, um Brennholz zu sparen..." „Und wie lange?" „...bis es gar ist..." Ah ja. Sabine blättert einmal quer durch das Büchlein. Meistens sind die Zutaten beschrieben aber nicht die Zubereitung selbst – und vieles ist in Kürzeln notiert oder durch Symbole vereinfacht. Vor allem die Mengenangaben sind schwierig. „Anja, weißt du was ein 'Loth' ist?" Ich schüttele den Kopf und Sabine runzelt die Stirn. „Das mit den 150 Jahre alten Rezepten wird nicht so einfach. Wir brauchen Fachleute, die sich mit solchen Kochbüchern auskennen und vor allem viel mehr Informationen über das Leben und die Menschen in Laupheim vor 150 Jahren." „Ich könnte mit dem Fotokreis ins Archiv gehen.", schlage ich vor. Sabine lächelt. „Gute Idee. Und ich telefoniere inzwischen einmal mit den hiesigen Gastronomen."

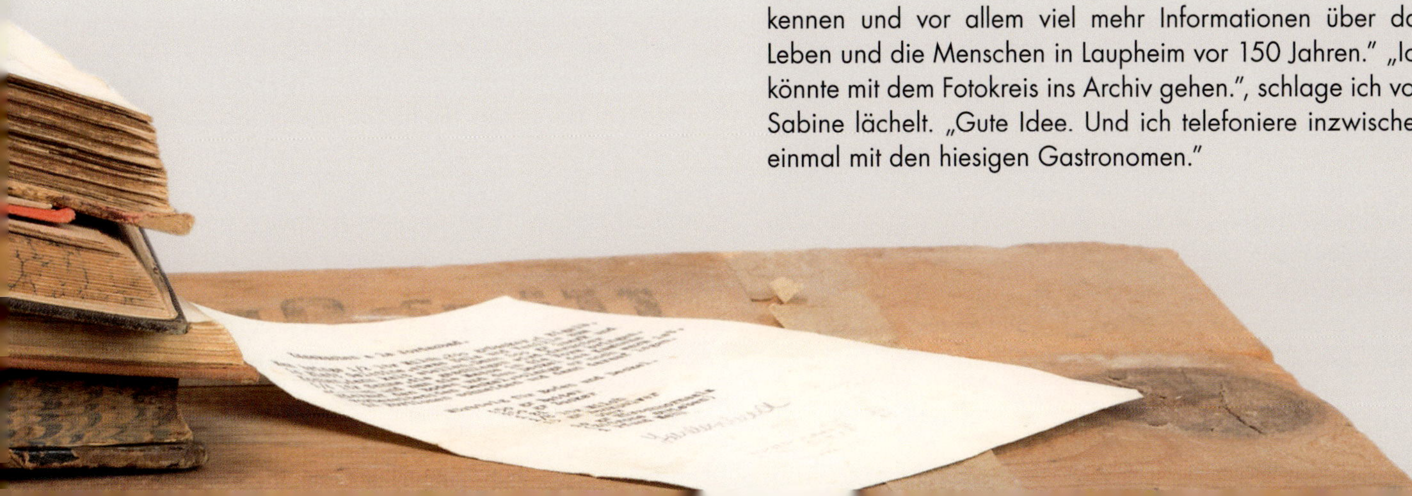

DIE ZEIT ANHALTEN UND NEUES ENTDECKEN

Das künstliche Halogenlicht im Keller ist etwas grell und es riecht angenehm nach altem Papier. Wir sind im Magazin vom Stadtarchiv. 1,5 Kilometer Regalfläche mit aneinandergereihten Akten verbergen sich in einem riesigen Metallungetüm, das uns mit seinen schwarzen Kurbeln irgendwie an ein Gefängnis erinnert. Hier werden alle Unterlagen aufbewahrt, die es im Stadtarchiv gibt. Bauakten, standesamtliche Unterlagen, Bücher, Glasplatten mit alten Bildern, Urkunden und vieles mehr. „Es ist etwas Besonderes, eine Urkunde zu berühren, die eine wichtige Persönlichkeit einmal in der Hand gehalten hat.", erklärt Gerd Winkler, der Archivar. „Das Gefühl ist schwer zu beschreiben. Man spürt eine Art Verbindung." Er lässt uns in ein altes Buch von 1930 Einblick nehmen, um die Sütterlinschrift einmal genauer zu betrachten. Richtig schön geschrieben ist das, mit Schnörkeln, die das Lesen aber schwer machen. „...und es gab auch richtige Sauklauen.", fährt Herr Winkler fort. „Dann wird es schwierig, Anfragen wegen Familienstammbäumen richtig zu beantworten. Die bekommen wir zum Teil aus den USA von Nachfahren der Juden, die früher einmal hier gelebt haben. Einst war Laupheim die größte jüdische Gemeinde Württembergs. Wir haben daher eine enge Verbindung zur jüdischen Geschichte." Der Archivar kurbelt mit einem rasselnden Geräusch zwei Schrankwände auseinander. Wie bei einem „Sesam öffne dich" werden links und rechts hohe Aktenwände sichtbar. Er zieht ein Fach aus der Wand und öffnet einen Umschlag. „Welchen Schatz haben Sie denn da?", frage ich neugierig.

„Ich wollte euch die Wappenurkunde zeigen." Er lächelt. „Von 1596 – Unser ganz besonderes Schmuckstück. Laupheim blickt auf eine 1200 Jahre alte Geschichte zurück. Unsere heutige B30 war ursprünglich einmal ein römischer Heerweg. Besonders an Laupheim ist auch, dass die Menschen, die hier lebten, national und international Spuren hinterlassen haben. Man denke beispielsweise an Carl Laemmle, den Begründer der Universal City in Hollywood." Der junge Archivar zieht weiße Baumwollhandschuhe an und holt vorsichtig eine große Urkunde aus dem Umschlag. Die darf keiner anfassen. Hochheben möchte er sie auch nicht. Die sei 'gaaanz' empfindlich. In der Mitte schimmert in kräftigen Farben das Ortswappen der Stadt Laupheim. Wahnsinn, wie klein und detailliert das gemalt ist! Unter dem grün-roten Wappen der Welden befinden sich drei Berge mit Laub, die auf die schöne Umgebung von Laupheim hinweisen. Um dieses zentrale Wappenbild herum wird die Geschichte der Welden in Bildern erzählt. Links thront Göttin Justitia mit Schwert und Waage für die Rechtsprechung. Gegenüber befindet sich Göttin Fides mit Kelch und Kreuz, welche den Glauben, die Treue und das Vertrauen symbolisiert. Unterhalb des Wappens wird ein Ritterturnier abgehalten und darüber befindet sich eine Burg mit Zelten, welche die Rolle der Welden als Reichsritter hervorhebt. Die beiden Engel mit Füllhorn und Lorbeerkranz bezeugen hierbei Gerechtigkeit, Friedensbereitschaft und Mut. Auch die Farbe des Siegels hat eine ganz besondere Bedeutung. Rot steht für sehr hohe wichtige Personen, meistens Grafen oder Könige. Bei dieser Urkunde wurde die Gestaltung des Wappens durch den kaiserlichen Hofpfalzgrafen

Sebastian Röttinger vorgenommen. „Laupheim war schon ab dem Mittelalter als Marktflecken wichtig.", erklärt Herr Winkler weiter. „Wöchentlich zog es die Bauern zum Markt hierher. Es entstand eine rege Gastronomie. Und auch die günstige Verkehrslage sorgte für Wohlstand, was unter anderem am 14. August 1869 zur Stadterhebung führte. Damals gab es 4076 Einwohner. Seitdem hat sich in Laupheim eine rasante Entwicklung vollzogen. Heute sind es über 20.000." Der junge Archivar verstaut die wertvolle Urkunde wieder vorsichtig im Aktenschrank. „Die Welden gerieten in Streit um die Erbfolge.", erzählt er mit strahlenden Augen. Man spürt, dass für ihn unsere Geschichte lebendig ist. „Deshalb teilte Carl von Welden 1621 Laupheim in die beiden Ortsherrenschaften Groß- und Kleinlaupheim auf und errichtete einen zweiten Herrschaftssitz auf der Anhöhe von Kleinlaupheim. In der Folge gab es damals nicht nur zwei Schlösser, sondern auch zwei Gerichte und zwei Bürgermeister."

Aber der alte Schlosspark mit seinen edlen Gewächsen und der bunten Artenvielfalt ist bis heute einzigartig. Und auch unser Kulturhaus mit seinem Schlosscafé, dem Archiv und dem Museum zur Geschichte von Christen und Juden gibt es nur einmal. Zahlreiche kulturelle Veranstaltungen sorgen dort das ganze Jahr hindurch für Highlights und Geselligkeit.

DAS SCHLOSSCAFÉ – HELMUT VÖLK

»Diana Schultze führt seit 2015 das Schlosscafé. Ich selbst leite die Küche und wir backen alle unsere Kuchen selbst. Sehr beliebt sind Apfel-, Käse-, Birne-Schmand-Kuchen und die Torten. Besonders gerne mögen die Laupheimer unsere glutenfreie Lavatorte mit ihrem Kokos-Schokoboden. Natürlich experimentieren wir auch mit Rezepten und entstanden ist hierbei ein Mohnkuchen, auf den ich stolz bin.«

Helmut Völk

SPEISEN WIE EIN SCHLOSSHERR

Was speiste man also als Adeliger? Wer damals Geld hatte, zeigte das. Der Adel wollte sich gegenseitig übertrumpfen und lud zu dekadenten Banketts ein. Da konnte es vorkommen, dass kunstvolle Zuckergüsse nicht als Speise die Tafel zierten, sondern die gesamte Tafel aus einem solchen bestand. Auch Gewürze waren ein Zeichen des Wohlstandes und wurden verschwenderisch benutzt. Diesen Luxus hatten sie zuvor der Landbevölkerung durch hohe Steuern und Frondienste abgepresst. Während die Adeligen die besten Stücke der Schlachtung erhielten, mussten sich die Bauern mit Schlachtabfällen begnügen. Daraus entstanden Gerichte wie „Kalbskopf, Ochsenschwänze, gebackene Lamm-Lungen" und andere Rezepte, bei denen Kopf, Fuß, Schwanz und die Innereien eines Tieres verwendet wurden. Auch heute möchte man wieder möglichst das ganze Tier verwerten, damit nicht mehr so viel weggeworfen wird. Man nennt diesen Trend „nose to tail" (von der Nase bis zum Schwanz). Das kann man auch auf Pflanzen übertragen und heißt dann „leaf to root" (vom Blatt bis zur Wurzel).

Was also die einen damals bitter entbehrten, verprassten die anderen in fetten Gelagen. Das führte natürlich zu Unmut, Aufständen und schließlich zu den Bauernkriegen, in denen sich unter anderem bis zu 30.000 Menschen, bekannt als „Baltringer Haufen", zur Wehr setzten und ebenfalls Klöster und Schlösser plünderten. Gegen die Armeen der Adligen vom Schwäbischen Bund hatten sie allerdings keine Chance. 200 Mann wurden auf einen Schlag im April 1525 in der Schlacht auf dem Kirchberg in Laupheim getötet. Trotz ihrer Niederlage konnten sie aber auf lange Sicht doch bewirken, dass sich die rechtliche und wirtschaftliche Lage der Bauern verbesserte – denn die Obrigkeit hatte Angst vor neuen Aufständen. Und auch die Leibeigenschaft wurde schrittweise abgeschafft.

!ORIGINALREZEPT!

LYONER HECHTKLÖSSCHEN - aus dem Familienarchiv Clemens Graf Leutrum von Ertingen

Lyoner Hechtklößchen sind ein ideales Sommeressen und eignen sich hervorragend für Leute, die den intensiven Fischgeschmack nicht so mögen. Die Klöße können mit Reis oder Nudeln serviert werden. Zu dem cremig zarten Geschmack passt ausgezeichnet Kartoffel-, Karotten- und Ackersalat.

Für zirka 8 Personen, Zubereitungszeit: 85 Minuten

Zutaten: 500 ml Milch, 450 g Butter, 600 g Mehl, 450 g Hechtfleisch ohne Haut und Gräten (tiefgekühlt), 75 g Salz, 1 g gemahlener Pfeffer, frisch geriebene Muskatnuss, 3 Eiweiß, 12 Eier, 1 Zwiebel

Für die Panade Milch in einem Topf zum Kochen bringen. 100 g Butter hinzufügen, schmelzen lassen und in die heftig kochende Mischung das gesiebte Mehl schütten. Mit einem Schneebesen kräftig schlagen und alles zu einer glatten Paste verarbeiten. Den Topf vom Feuer nehmen und die Masse bei ganz kleiner Hitze in etwa 20 Minuten trocken werden lassen. In dieser Zeit ständig mit einem hölzernen Kochlöffel oder Spachtel durchrühren und danach an einem kalten Ort abkühlen lassen.

Für die Hechtklößchen das Hechtfleisch mit 25 g Salz, Pfeffer und Muskatnuss in einem Mixer pürieren, bis eine gleichmäßige Masse entstanden ist. Durch ein feines Sieb streichen, wieder in den Mixer zurückgeben und zunächst die Eiweiß und dann die völlig abgekühlte Panade einarbeiten. Nach und nach die ganzen Eier einziehen sowie die restliche, nur ganz vorsichtig erwärmte und zu einer Creme gerührte Butter. Die Mischung kalt stellen. 5 l Wasser in einem großen Topf aufsetzen und 50 g Salz hinzufügen.

Mit einem Esslöffel aus dem Teig Klößchen von zirka 100 g abstechen und formen. Jeweils etwa 5 Klöße in sehr heißem, aber nicht kochendem Wasser 15–20 Minuten dünsten. Falls man die gekochten Klöße nicht sofort verwendet, in kaltem Wasser vollständig abkühlen lassen und kalt aufbewahren. Sie können 2 bis 3 Tage im Kühlschrank gelagert und anschließend beispielsweise auch in Butter angebraten werden.

Für die Soße Zwiebel ganz klein schneiden und in Butter oder Öl anschwitzen. Mit Mehl binden und je nach Geschmack mit Sahne, Milch oder Weißwein unter kräftigem Rühren aufkochen. Mit Dill, Pfeffer und Salz (Dill-Soße) oder mit einer fein geriebenen Limettenschale oder Limettenblättern (Mediterrane Soße) verfeinern.

TIPP: Frischer Fisch bindet die Masse besser als gefrorener. Wichtig ist zudem, die Fischfasern mit einem scharfen Messer zu zerschneiden, nicht zu zerdrücken. Daher sollte der Mixer geschliffene Messer haben. Alternativ kann man den Fisch auch mit einem scharfen Messer von Hand schneiden. Das Originalrezept ist für die damals körperlich arbeitende Bevölkerung gedacht und daher sehr kalorienhaltig. Wer es verschlanken möchte, kann die 12 Eier auf 8 reduzieren und anstelle von 450 g Butter auch nur 225 g verwenden.

VORSICHT: Der rohe Fischteig verdirbt schnell und muss am gleichen Tag verarbeitet werden.

!ORIGINALREZEPT!

HEFEKUCHEN SAVARIN – aus dem Familienarchiv Clemens Graf Leutrum von Ertingen

Der Hefekuchen Savarin, auch Früchtering genannt, ist ein zuckerarmer Kuchen, der seine Süße nachträglich durch Läuterzucker oder Fruchtsaft und Früchte erhält. Wer viele selbstgemachte Säfte, Marmeladen und Einmachgläser im Keller stehen hat, kann diese also verwenden.

Zirka 12-16 Stücke, Zubereitungszeit: 100 Minuten

Zutaten: 30 g Hefe, 250 ml Milch, Semmelbrösel, 100–125 g Butter, 80 g Zucker, 500 g Mehl, 3–4 Eier, 1 Prise Salz, Zitrone, Muskat

Hefe in Milch auflösen und an einen warmen Ort stellen. Die Ringform fetten und mit Semmelbröseln bestreuen. Butter schaumig rühren. Die Eier auf dem Herd lauwarm schlagen und abwechselnd mit Zucker und Mehl zur Butter hinzugeben. Zuletzt die mit lauwarmer Milch aufgelöste Hefe, ein wenig Zitronenschale, Salz und Muskat unterrühren und den Teig so lange schlagen, bis er Blasen wirft. Die vorbereitete Ringform maximal zur Hälfte mit dem recht flüssigen Teig füllen, an einen warmen Ort stellen und aufgehen lassen. Dann 25 Minuten bei 160 Grad Umluft backen. Fruchtsaft oder Läuterzucker (4–6 EL Zucker mit ½–¾ l Wasser aufkochen und 2 EL Rum hinzugeben) in die leere Ringform füllen und den erkalteten Kuchenteig hineinlegen, bis er den Zuckersaft aufgesogen hat. Dann den Kuchen stürzen und mit Aprikosen- oder einer anderen Marmelade Ihrer Wahl bestreichen. Je nach Geschmack mit einer dünnen Zuckerglasur, Früchten und geschälten Mandeln verzieren. Nachdem der Kuchen mit Zuckerwasser getränkt wurde, bald verzehren.

HINWEIS: Einwecken ist eine energieschonende Art, Lebensmittel haltbar zu machen. Früher haben die Leute auch Fleisch eingeweckt. Um einen Lufteinschluss zu vermeiden, mussten hierbei alle Knochen vorab entfernt werden.

»Ich mache mich für Tradition stark, weil mir dieser herzliche und familiäre Umgang ein Gefühl von Heimat gibt.«

Tatjana Moosmayer,
Angestellte der Bäckerei Mast
und Brezelkönigin seit 2017

BIOLAND BACKWAREN DER BÄCKEREI MAST – Backleidenschaft seit 1825

Seit über 180 Jahren gibt die Bäckerfamilie Mast ihr Wissen von Generation zu Generation weiter. Alle Backwaren sind handgemacht. Zusatzstoffe werden vermieden und Backmischungen, konventionelle Aromen sowie Fertigpackungen prinzipiell nicht verwendet. Oberschwäbische Landwirte liefern

»Ich bin in diesen Familienbetrieb hineingeboren und verbinde modernes Brothandwerk mit Tradition. Alles ist handgemacht. Gleichzeitig probieren wir immer wieder neue Rezepturen aus.«

Stefan Mast, Bäckermeister seit 1998

der Bäckerei das Getreide für die Vollkornbackwaren. Auch andere Zutaten wie Sonnenblumen, Leinsamen, Mohn, Eier und Obst werden regional eingekauft. Außer Vollkornmehl stellt die Bäckerei in der eigenen Mühle auch noch Musmehl und Flocken selbst her. Zudem verarbeitet sie hochwertige Schokoladensorten (unter anderem Bio und Fairtrade) zu Produkten wie Schokofrüchten, Osterhasen oder dem traditionellen Bischof Nikolaus. In der Bäckerei Mast in Untersulmetingen findet man auf der ganzen Linie beste Qualität, die schmeckt.

1

2

!ORIGINALREZEPT!

KNAUZEN –
altes Familienrezept der Bäckerei Mast

Die sind schnell gemacht. Der Teig dafür muss gehen? Macht doch nichts. Das tut er von alleine.

10 Knauzen (eine Ofenladung), Zubereitungszeit: 40 Minuten, Teigruhe: 10 Stunden, Backzeit: 30 Minuten

Zutaten: 900 g Dinkelmehl Typ 630, 350 g Weizenmehl Typ 550, 25 g Salz, 3 g Aktivmalz (erhältlich in der Bäckerei Mast, kann aber auch durch Zucker ersetzt werden), 13 g Hefe (1/3 Würfel), 940 ml Wasser

Mehl, Salz und Malz vermengen, Hefe im lauwarmen Wasser auflösen. In einer Knetmaschine oder Schüssel mit Handrührgerät alle Zutaten zu einem glatten Teig verarbeiten, bis er von der Konsistenz in etwa so zäh wie Kaugummi ist. Den Teig nach 15 Minuten 10 Sekunden lang durchkneten, allerdings nicht zu intensiv, sonst wird er wieder klebrig und reißt. Diesen Vorgang des kurzen Knetens und der 15 minütigen Teigruhe 2–3 Mal wiederholen. Dann über Nacht in einer großen Schüssel in den Kühlschrank stellen. Am nächsten Morgen runde Teiglinge formen, sofort bei 270 Grad Ober-/ Unterhitze (oder 250 bis 260 Grad Umluft) in den ganz heißen Ofen schieben und bei 220 Grad Ober-/Unterhitze (oder 200 Grad Umluft) 25–30 Minuten backen.

3

4

!ORIGINALREZEPT!

BAUERNBROT –
altes Familienrezept der Bäckerei Mast

Ein ausgedehntes spätes Frühstück mit Knauzen und Bauernbrot ist für mich persönlich der Inbegriff von Heimat. Während meiner Auslandsreisen konnte ich nirgends ein Brot entdecken, das einen vergleichbaren Geschmack hat und mich so zufriedenstellt. Wie schön, dass ich es mir jetzt selbst backen kann, egal wo ich mich gerade befinde.

2-3 Brote (eine Ofenladung), Zubereitungszeit: 40 Minuten, Teigruhe: 1-2 Stunden, Backzeit: 50 Minuten

Zutaten: 800 g Weizenmehl Typ 1050, 100 g Dinkelmehl Typ 630, 1 mittlere Kartoffel gekocht und püriert, 22 g Salz, 18 g Hefe (1/2 Würfel), 730 ml Wasser, 150 g Sauerteig (bestehend aus 80 g Roggenmehl, 70 ml warmem Wasser und 10 g reifem Sauerteig), ist in der Bäckerei Mast erhältlich

Sauerteig über Nacht an einem warmen Platz stehen lassen. Hefe im lauwarmen Wasser auflösen. Alle Zutaten zu einem glatten Teig verarbeiten. Den Teig nach 15 Minuten 10 Sekunden lang durchkneten, allerdings nicht zu intensiv, sonst wird er wieder klebrig und reißt. Diesen Vorgang des kurzen Knetens und der 15 minütigen Teigruhe 3–4 Mal wiederholen. Nach weiteren 15 Minuten die Brote formen und bei 250 Grad Ober-/Unterhitze (oder 230 Grad Umluft) in den heißen Ofen schieben und bei 210 Grad Ober-/Unterhitze (oder 200 Grad Umluft) zirka 50 Minuten backen.

TIPP: Noch wichtiger als die Rezeptur ist die Art, wie man den Teig knetet – und dass man die Teigruhe einhält. Diese richtet sich auch etwas nach der Raumtemperatur. Dann hat der Teig Volumen und fühlt sich lebendig an. Die Backtemperatur richtet sich nach dem jeweiligen Backofen. Das Brot sollte nach 50–60 Minuten die ideale Farbe haben.

Man kann vom reifen Sauerteig 10 g wegnehmen und bis zu 2 Wochen als neuen Starter für den nächsten Sauerteig im Kühlschrank lagern.

1

2

3

!ORIGINALREZEPT!

BERCHES – ein sehr altes jüdisches Rezept

Der feine Geruch von frisch geröstetem Mohn ist typisch für dieses knusprige Weißbrot. Im Geschmack ähnelt es unseren heutigen Mohnwecken. Es sind auch Rezepte aus dem Krieg bekannt, bei denen Öl, Eier, Milchprodukte oder gekochte Kartoffeln verwendet wurden, vermutlich um den Teig zu strecken.

1 Berches.
Zubereitungszeit: 50 Minuten.
Teigruhe: 80 Minuten.
Backzeit: 40 Minuten

Zutaten: 550 g Weizenmehl Typ 550, 10 g Salz, 14 g Backmalz (erhältlich in der Bäckerei Mast) 20 g Hefe (1/2 Würfel), 310 ml Wasser

Hefe in Wasser auflösen. Aus allen Zutaten einen glatten Teig herstellen. Diesen nach 15 Minuten Teigruhe nochmals zirka 10 Sekunden kneten. Nach weiteren 10 Minuten den Teig in ein größeres und ein etwas kleineres Stück teilen. Aus dem größeren Teigstück fünf zirka 35 cm lange Teigstränge ausrollen und so nebeneinanderlegen, dass zwei auf der linken Seite und drei auf der rechten Seite liegen. Alle Stränge oben miteinander verbinden. Den Strang ganz rechts nehmen und neben den zwei links liegenden Strängen an dritter Position von links ablegen. Jetzt den ganz links liegenden Strang nehmen und neben den zwei rechts liegenden Strängen an dritter Position von rechts ablegen. Diese zwei Vorgänge bis zum Schluss wiederholen. (Man kann das Flechten auch in der Mitte der Teigstränge beginnen, den Zopf dann vorsichtig umdrehen und auf der anderen Seite fertig flechten.)

Einen zweiten Zopf mit dem etwas kleineren Teigstück anfertigen. Den kleineren Zopf mit Druck direkt auf den größeren Zopf setzen. Mit einem Tuch abdecken, damit der Teig nicht austrocknet und an einem warmen Ort gehen lassen. Sobald der Berches mindestens doppelt so groß aufgegangen ist, mit Wasser abstreichen und mit Mohn bestreuen.

Bei zirka 220 Grad Ober-/Unterhitze (oder 200 Grad Umluft) etwa 40 Minuten backen.

BERCHES - EIN BROT MIT TRADITION

Das Unterhalten von zwei Schlössern und der luxuriöse Lebensstil brachte die Welden an den Rand des Bankrotts. Deshalb erlaubten sie 1724 zuzugswilligen Juden, sich gegen Bezahlung auf dem 'Judenberg' in Laupheim anzusiedeln. Das Leben dieser Menschen wurde von Schutzbriefen bestimmt. Solange die Juden ihre Abgaben bezahlten, standen sie unter dem Schutz des Ortsherren. Anfangs durften sie nur innerhalb ihrer Wohnbereiche ihren Berufen nachgehen und Handel treiben. Aber mit dem Ende des Ansiedlungs- und Gewerbeverbotes 1828 konnten endlich auch sie ihre Berufe frei wählen und sich außerhalb des 'Judenbergs' niederlassen. 1869, im Jahr der Stadterhebung, hatte die jüdische Gemeinde mit 24% ihre größte Ausdehnung erreicht und mit ihr wurden jüdische Rezepte wie der „Berches" auch ein Teil unserer Kultur. Brot ist eine Gottesgabe. Deshalb heißt „Berches" aus dem Hebräischen übersetzt „Segen". Es ist das Festtagsbrot der Juden und wird an deren Ruhetag, dem Schabbat, in einem feierlichen Ritual im Kreis der Familie verzehrt. Ursprünglich bestand der Berches aus zwölf einzelnen Teigsträngen, welche die zwölf Stämme Israels symbolisierten, aber er wird auch mit acht oder zehn Teigsträngen gebacken. Von den ehemals zwölf Laupheimer Bäckereien durften nur fünf den rituellen Berches herstellen: Die Bäckerei Halder, Weiler, Fetzer, Fuchs und Burkert. Diese Bäckereien gibt es heute nicht mehr, aber der pensionierte Bernhard Burkert hat 2001 nach 107 Jahren der Handwerkstradition sein Wissen über die Zutaten und Herstellungsweise des rituellen Berches an den damals jungen Bäckermeister Stefan Mast weitergegeben. So ist der originale Berches heute immer noch erhältlich und Sie können ihn mit dem Originalrezept von Stefan Mast in diesem Buch auch selbst nachbacken.

RESTAURANT HERMES –
Genussvoll speisen in bezauberndem Ambiente

»Ich koche regional, deutsch, schwäbisch, französisch und lasse auch neue Erkenntnisse in meine Küche mit einfließen. Beispielsweise über die Texturen der Lebensmittel – damit die Zunge nicht nur ein Geschmacks- sondern auch ein besonderes Tasterlebnis hat.«

Nico Siepmann, Küchenmeister

Seit 2015 führen Nico Siepmann und die Restaurantmeisterin Elisa Frank gemeinsam das Hermes. Wichtig sind den beiden saisonale Waren und regionale Lieferanten. Während der Mittagstisch gute bürgerliche Hausmannskost bietet, darf man sich abends auf die noch hochwertigere Küche freuen. Auch bei Events und Caterings kann man mit dem Hermes „geschmackvoll genießen."

EIN HAUS MIT GESCHICHTE

Der Konditormeister Isidor Adler war offensichtlich ein Verehrer der klassischen Antike, denn er ließ bei der Errichtung des Hauses 1876 einen Hermeskopf über dem Eingang anbringen. Bei der 1988/89 durchgeführten Renovierung wurde die schöne Außenfassade erhalten und das Innere des Hauses den hohen Ansprüchen des Äußeren angepasst. Mit den massivtropischen Holzvertäfelungen und Wandmalereien von Hermann Geyer aus Ulm zählt das Hermes heute zu einer der außergewöhnlichsten Locations in Laupheim. Auf den farbenfrohen Gemälden im Inneren des Restaurants kann man die zwölf olympischen Götter, die Geschichte des Gottes Hermes und Szenen aus der griechischen Schöpfungsmythologie bewundern.

!ORIGINALREZEPT!

MATHILDES KARTOFFELWÜRSTE – ein altes Familienrezept von Nicos Großtante

Die Kartoffelwürste bestehen aus einem Hefeteig mit Kartoffeln und sind recht einfach zu machen. Sie schmecken von der Konsistenz her fast wie ganz frische Berliner, aber haben mehr Biss. Man tunkt die Kartoffelwürste in ein Zucker-Zimt-Gemisch und isst Apfelmus dazu. Das schmeckt herrlich frisch. Dazu noch ein Erdbeer-Rhabarberespuma (Erdbeer-Schaum) – ganz locker und luftig – genial! Noch ein selbstgemachtes Vanilleeis dazu? – Jaaa, bitte!
Ein klassisches Rezept auch für die Fastenzeit oder den Fasching.

Für zirka 4 Personen, Zubereitungszeit: 60 Minuten, Gehzeit vom Teig: insgesamt 45 Minuten

Zutaten Kartoffelwürste: 1 Hefewürfel, 500 g Mehl, 1 Ei, 50 g Butter, 5 Kartoffeln, Butterschmalz oder Rapsöl zum Ausbacken

Zutaten Erdbeer-Rhabarberespuma: 500 g Erdbeerpüree, 150 g Rhabarberpüree, 160 g Zucker, 80 ml Sahne, 4 Blatt Gelatine

Für das Erdbeer-Rhabarberespuma benötigt man zudem einen Sahnebläser. Das ist ein Sahnespender aus Metall, mit dem man Sahne aufschäumen kann. Wird auch „ISI Flasche" genannt. Diese bekommt man in jedem guten Haushaltswarengeschäft.

Für das Erdbeer-Rhabarberespuma die Sahne aufkochen und die Gelatineblätter darin auflösen. Alle Zutaten mit einem Handmixer zusammenrühren und in den Sahnebläser abfüllen. Die Gaskapsel darauf schrauben, kräftig schütteln und dann im Kühlschrank aufbewahren. Das Espuma hält sich ungefähr eine Woche.

Für die Kartoffelwürste die Kartoffeln kochen. Mehl, Ei, Hefe und Butter in einer Schüssel vermengen und die Kartoffeln durch einen Kartoffeldrücker heiß dazugeben. Alles zu einem Teig verarbeiten und diesen 45 Minuten an einem warmen Ort gehen lassen, bis er ungefähr doppelt so groß ist.

Hefeteig in einem fingerdicken Teigstrang ausrollen und in etwa 10–12 cm lange Würste schneiden. Diese nochmal

zirka 20 Minuten gehen lassen und in 160–170 Grad heißem Fett ausbacken, bis sie goldgelb sind. Blech mit Papier- oder Handtuch belegen und dort die Würste abtropfen lassen. Auf einem Teller mit Zimt, Zucker, Vanilleeis, Erdbeer-Rhabarberespuma und Apfelmus servieren und mit Puderzucker bestreuen.

TIPP: Das Fett ist heiß genug, wenn es an dem Holz eines Kochlöffels sprudelt. Es darf nicht heißer als 180 Grad werden. Falls man gekochte Kartoffeln vom Vortag verwenden möchte, diese nicht im Kühlschrank aufbewahren, da sie dort Wasser ziehen. Besser ist es, sie ungeschält an einen kühlen Ort zu stellen, zum Beispiel in den Keller.

!ORIGINALREZEPT!

MATHILDES SCHERBEN - ein altes Familienrezept von Nicos Großtante

Immer am Sonntag nach dem Funkenfeuer bereitete Nico Siepmann gemeinsam mit seiner Schwester und Großtante Mathilde die „Scherben" zu. Damals, im Alter von sechs Jahren, fasste Nico den Entschluss Koch zu werden.

Die Scherben sind ähnlich einfach wie ein Mürbteig herzustellen und schmecken im Vergleich zu den Kartoffelwürsten etwas knuspriger und süßer. Das Gebäck zerbröselt auf der Zunge, ist aber von der Konsistenz nicht so fest wie ein Mürbteig. Es schmeckt eher wie ein knuspriger Biskuitboden. Einen reizvollen Kontrast in Geschmack und Textur bietet als Beilage eingemachtes Rhabarberkompott. Frische Erdbeeren und Blaubeeren, garniert mit einer Physalis und Minzeblättern harmonieren hervorragend. Und selbstgemachtes Vanilleeis, bestreut mit knusprigen gefriergetrockneten Erdbeeren, setzt dem Verwöhn-Menü noch die Krone auf.

Für zirka 4 Personen, Zubereitungszeit: 20 Minuten, Kühlzeit insgesamt: 2-3 Stunden

Zutaten: 2 Eigelb, 2 Eier, 50 g Zucker, 100 g Crème Fraîche, 1 Zitrone abgerieben, 1 Päckchen Vanillinzucker, 350 g Mehl

Alle Zutaten außer dem Mehl mit dem Schneebesen gut verrühren, dann das Mehl unterkneten. Zwei bis drei Stunden in den Kühlschrank stellen. Den Teig ein bis zwei Zentimeter dick auswellen und Rauten ausrädeln. Die so entstandenen Scherben in heißem Fett ausbacken.

ISIDOR ADLER UND DAS LEBEN DER JUDEN IN LAUPHEIM

Isidor Adler war 1849 in St. Gallen auf der Walz und notierte sich die dort gesammelten Rezepte in einem 'Conditorei-Buch'. Nach seinen Lehr- und Wanderjahren gründete er eine Familie und betrieb in Laupheim neben einer Konditorei einen Lebensmittel-Großhandel. Isidor war ein moderner Mann, der seinem Sohn Friedrich erlaubte, mit seinen Backformen kleine Gipskunstwerke herzustellen. Er zwang ihn nicht dazu, den Bäckereibetrieb zu übernehmen, sondern ermöglichte ihm ein Kunststudium. Das war für die damalige Zeit sehr ungewöhnlich. Nicht aber für die jüdische Bevölkerung in Laupheim. Sie zeigte Wissensdurst, Unternehmungsgeist und Weltoffenheit. Viele von ihnen engagierten sich gesellschaftlich und kulturell. Friedrich Adler wurde Professor an der Hochschule für Kunst und Gewerbe in Hamburg und entwarf zwischen Jugendstil und Art Déco zahlreiche Kunstwerke und Gebrauchsgegenstände, wie beispielsweise 1934 das Salatbesteck für die Bebrit-Werke, das bis heute im Laupheimer Museum ausgestellt ist. Er wurde – wie viele andere Juden – im Holocaust von den Nazis ermordet. Aber auch in dieser Zeit gab es in Laupheim Menschen, die den Kontakt zu Juden aufrechterhielten. Nur wenige. Aber es gab sie. Berta Halder aus der Kapellenstraße war eine von ihnen. Sie schob hungrigen Juden Brot aus ihrer Bäckerei zu und versorgte sie mit Medikamenten und anderen lebensnotwendigen Dingen. Das war sehr gefährlich. Auch Wirt Alois Bertele vom Gasthof Wyse half den Juden oder Metzger Xaver Glass, der ihnen abends Wurst und Fleischwaren aus seiner Metzgerei zusteckte. Von den 234 im Jahr 1933 in Laupheim ansässigen Juden blieb nach 1945 niemand übrig. 102 von ihnen wurden ermordet, die anderen flohen ins Ausland.

Diesen mutigen Menschen ist es zu verdanken, dass einige der geflohenen jüdischen Familien nach dem Krieg wieder Kontakt zu Laupheim aufnahmen. Für sie waren die Kontakte zu Berta Halder und den anderen Helfern ein Stück ehrliche Heimat. Manche von ihnen brachten ihre persönlichen Erinnerungsstücke nach Laupheim zurück. Auch das goldgesprenkelte 'Conditorei-Buch' von Isidor Adler ist eine Schenkung der Nichte Lisel Adler aus Sutton-Surrey in Großbritannien an das Museum Laupheim, in dessen Besitz es sich noch heute befindet.

Viele Jahre nach dem Krieg beschäftigten sich Heimatforscher wie Josef Braun, Ernst Schäll, Rolf Emmerich und Udo Bayer mit der Aufarbeitung der jüdischen Geschichte. Auf Initiative von Ernst Schäll entstand 1997 die Gesellschaft für Geschichte und Gedenken e.V., deren Vorsitzende heute Elisabeth Lincke ist. Die Mitglieder dieses Vereins versuchen durch Veröffentlichungen, Veranstaltungen und Begegnungen zwischen Zeitzeugen und jungen Menschen die Erinnerungen wach zu halten.

Der jüdische Friedhof wird vor allem von Michael Schick gepflegt. Dieser Ort hat eine wichtige Bedeutung für die Nachkommen der Juden im Ausland, die hier einen Berührungspunkt zu ihren Vorfahren finden. Zugleich ist er aber auch ein Mahnmal. 'Ausgrenzung' und die Ablehnung von Demokratie sind in Zeiten von Fake News und Hasskommentaren im Internet aktueller denn je. Ich hoffe, wir gehen heute mit Angst und Neid vorsichtig um und treten Parolen und Klischees mutig entgegen – ehrlich anstatt feige.

CAFÉ MOOSMAYER – Gudrun Bamberger

TIEF DURCHATMEN...UND GENIESSEN

Die große Auswahl an Pralinen und Schokoladen überwältigt mich, als ich das Café Moosmayer betrete. Schon überredet. Hier werde ich mir etwas gönnen. Aber was? Mmh, der angenehme Kakaoduft macht Lust auf Genuss. Ich betrachte die verschiedenen Schokoladen- und Pralinen-Kollektionen an der Wand hinter dem Tresen. Wählerisch springt mein Auge von den Dichter- und Denkerschokoladen zu den Friedrich-Adler-Pralinen und gleitet liebevoll über die Carl-Laemmle-Busserl und Mocca-Marzipan-Verführungen in der Glasvitrine vor dem Tresen. Eine Praline übertrifft die andere. „Ich will..." denke ich, und merke, dass die Entscheidung schwer wird. Da entdecke ich die selbstgemachten Kuchen und Torten. Ungewöhnliche Kunstwerke mit interessanten Namen. Sogar ein „Überraschungskuchen" ist mit dabei. „Ich will..." denke ich, „...am liebsten alle ausprobieren!"

Eben noch in Eile, setze ich mich mit einer aromatisch duftenden Tasse Kaffee hinten ins Café. Frau Bamberger bringt mir den selbstgemachten Mohnkuchen, für den ich mich entschieden habe. Diesen Kuchen gibt es nur bei Frau Bamberger. Es ist ein altes Familienrezept vom Café Moosmayer. Und es gibt ihn nur heute. Während ich den Gaumenschmaus betrachte, beruhigt sich mein Puls. Wie der duftet! Einmal tief durchatmen...und genießen. Herrlich! Das tut gut.

»„Du musst etwas machen, das sonst keiner macht. Etwas, das die Leute nirgendwo sonst kaufen können.«

Gudrun Bamberger

INDIVIDUELL UND EINZIGARTIG

Wenn man heute als Konditorei überleben will, muss man kreativ sein und dem Kunden etwas bieten, das er sonst nirgends bekommt – ein besonderes Geschmackserlebnis und eine einzigartige Auswahl an Pralinen, Schokoladen, Kuchen und Torten. Oft sind es seltsame Zutaten-Kombinationen wie die Chilischokolade (80% Schokolade, Chili, Mandeln, Cranberries) von Frau Bamberger, die den Leuten besonders gut schmecken. Sie experimentiert gerne mit Geschmacksgegensätzen wie süß-sauer, salzig-süß und scharf-bitter oder neuen spannenden Geschmackskombinationen. Frau Bamberger macht alles selbst und verwendet nur natürliche Zutaten. Wo „Erdbeere" draufsteht ist auch Erdbeere drin. Fertigmischungen, Aromen oder Farbstoffe gibt es bei ihr nicht. Und sie produziert und verkauft ihre Waren nur hier. Ihre Kunden allerdings kommen auch von weiter her. Die haben einmal etwas im Café Moosmayer probiert und sind ihr dann treu geblieben.

Jede Woche gibt es einen „Überraschungskuchen". Das ist ein neuer Kuchen – entstanden aus einem sehr alten Familienrezept. Die Konditorin führt das Café seit 1986 schon in der dritten Generation und hat viele sehr alte Rezepte. Aber das Nachbacken ist gar nicht so einfach.

DIE ORIGINALREZEPTE VON:

ISIDOR ADLER.

Laupheim 1849

Isidor Adler hat die rund 300 Rezepte in seinem Conditorei-Buch nicht für andere geschrieben. Sie waren nur als Gedächtnisstütze für ihn selbst gedacht. Deshalb beschränkt er sich häufig auf die Mengenangaben und es fehlt jede Erklärung, was man mit den Zutaten tun soll. Auch Angaben zu den Gewürzen sucht man vergeblich. Solche Informationen galten früher als geheim. Frau Bamberger kennt das von ihren eigenen Familienrezepten. Man wollte nach Möglichkeit der einzige Konditor im Ort sein, der einen solchen Kuchen backen konnte. Zudem verwendet Isidor Abkürzungen für Fachbegriffe wie beispielsweise das Wort „Ball". Es taucht immer wieder völlig zusammenhanglos und unvermittelt auf. Es steht für "Ballen". Damit meint man: „Aufkochen". Wie stark man etwas aufkocht ist entscheidend – und dazu macht der Konditor wiederum keine Angaben. Es gibt auch Begriffe wie „Milei", die eine Doppelbedeutung haben. „Milei" kann für Eiweiß oder Milch stehen. Das ist Auslegungssache. Man muss selbst herausfinden, was er gerade damit meint. Glücklicherweise ist Frau Bamberger ein echter Profi im Lesen von alten Rezepten. Sie weiß auch, dass bei der Angabe „Loth" die Menge mit 500 multipliziert und dann durch 32 geteilt werden muss, damit man auf die richtige Grammzahl kommt. Möchten Sie selbst einmal ausprobieren, solche Rezepte zu lesen? Dann versuchen Sie es auf den folgenden zwei Seiten. (P.S.: Bei dem „Kugelhopf"-Rezept aus dem Conditorei-Buch von Isidor Adler handelt es sich nicht um unseren „Gerührten Gugelhopf à la Adler".)

Gugelhopf.

Wiener-Torte

Reiskuchen.

Gleichschwer-Törtchen

!ORIGINALREZEPT!

GERÜHRTER GUGELHOPF À LA ADLER – Isidor Adler 1849

Dieser Kuchen schmeckt saftig, locker und frisch. Im Originalrezept sind allerdings sehr viele Eier und das Eiweiß macht den Kuchen etwas krümelig. Also unbedingt die Backform vorher gut fetten und mit Semmelbröseln oder – wie Isidor Adler – mit Haferflocken bestreuen. Geröstete Haferflocken geben dem Ganzen einen besonderen Geschmack. Wer möchte, kann auch die Variante mit weniger Eiern nachbacken. Die Zubereitung selbst ist die gleiche.

12-18 Stücke
Zubereitungszeit: zirka 30 Minuten,
Backzeit: 30-35 Minuten

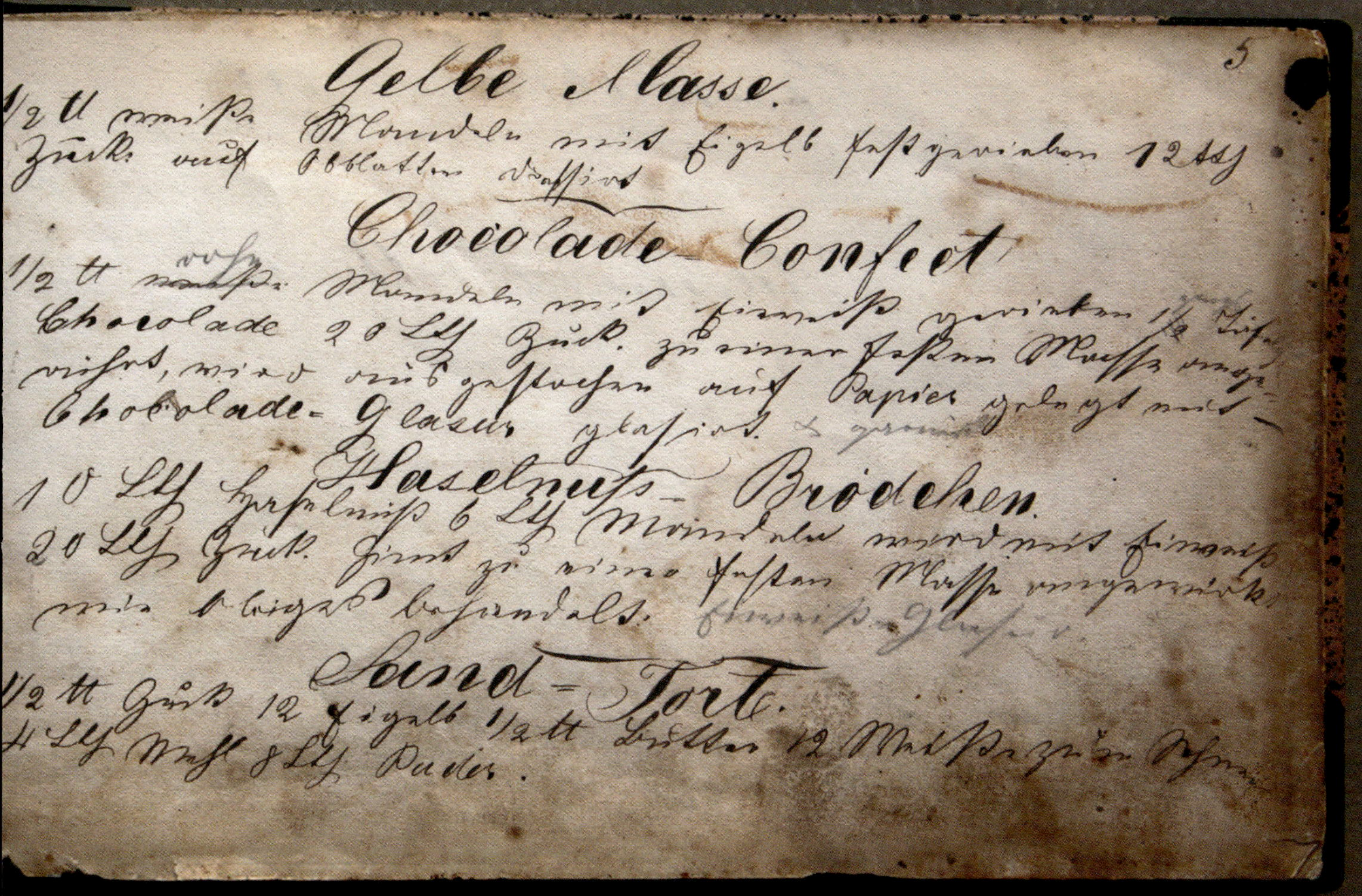
Gelbe Masse.

Chocolade-Confect

Haselnuss-Brödchen.

Sand-Torte.

Zutaten: 125 g Butter, 9 Eigelb, 10 Eiweiß, 125 g Zucker, 160 g Mehl, Zitrone, Salz, Haferflocken, je nach Geschmack Pistazien, Belegkirschen, 250 g Schokolade- oder Zitronenglasur (150 g Puderzucker mit dem Saft der Zitrone glattrühren)

Zutaten bei der Verwendung weniger Eier: 150 g Butter, 3 Eigelb, 3 Eiweiß, 150 g Zucker, 150 g Mehl, Zitrone, Salz, Haferflocken, je nach Geschmack 250 g Schokolade- oder Zitronenglasur, Pistazien, Belegkirschen

Die Butter schaumig rühren und die Eigelb unterziehen. Zucker mit Eiweiß zu Schnee schlagen und zur Masse hinzufügen, dann das gesiebte Mehl, etwas Salz und den Abrieb einer halben Zitrone unterheben.

Den Teig in eine gefettete Form geben und bei 160 Grad Ober-/Unterhitze 30–35 Minuten backen. Danach zirka 10 Minuten stehen lassen und vorsichtig stürzen. Nach dem Erkalten mit einer Schokoladen- oder Zitronenglasur, Pistazien und Belegkirschen dekorieren.

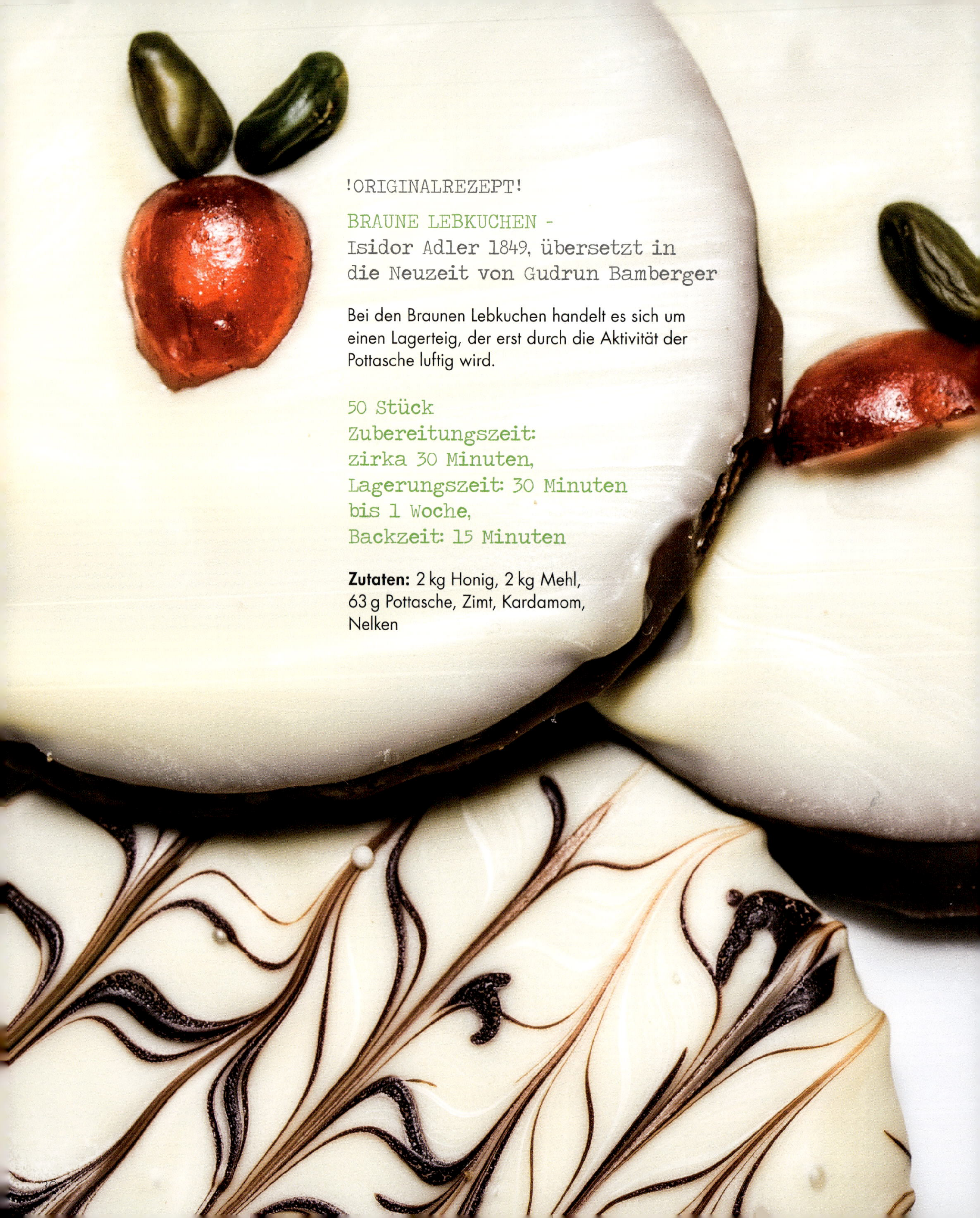

!ORIGINALREZEPT!

BRAUNE LEBKUCHEN – Isidor Adler 1849, übersetzt in die Neuzeit von Gudrun Bamberger

Bei den Braunen Lebkuchen handelt es sich um einen Lagerteig, der erst durch die Aktivität der Pottasche luftig wird.

50 Stück
Zubereitungszeit: zirka 30 Minuten,
Lagerungszeit: 30 Minuten bis 1 Woche,
Backzeit: 15 Minuten

Zutaten: 2 kg Honig, 2 kg Mehl, 63 g Pottasche, Zimt, Kardamom, Nelken

Für die Lebkuchen: Pottasche in ein wenig Wasser auflösen und den Honig erwärmen, bis er gut flüssig ist. Mehl portionsweise dazu sieben, damit sich die Masse ohne zu klumpen vermengt. Die Pottaschen-Flüssigkeit, Nelken und Kardamom unterarbeiten.

Den Teig mit einem Tuch abdecken und an einem kühlen Ort mindestens 30 Minuten lagern (maximale Lagerzeit eine Woche). Dann fingerdick ausrollen, in 8 cm breite Rechtecke schneiden oder runde Lebkuchen ausstechen und bei 160 Grad Ober-/Unterhitze 15 Minuten backen. Nach dem Erkalten beliebig mit Schokolade überziehen.

TIPP: Die Lebkuchen sind bis zu 3 Monate haltbar. Falls sie zu trocken werden, einfach zerbröseln und als Granulat in Süßspeisen wie zum Beispiel Joghurt einrühren. Das schmeckt sehr lecker.

MANDELSCHNITTEN -
Albrecht Ernst Friedrich von Crailsheim, 1784, übersetzt in die Neuzeit von Gudrun Bamberger

Schön, wenn man zu Hause Konditor spielen kann und dabei Gebäck zaubert, das jeder Konditorei Ehre macht. Diese Mandelschnitten werden auch „Schlotfeger" genannt, denn man kann sie mit Sahne füllen. – Für die sahnig zarten Knuspermomente im Leben.

Zirka 60 Stück
Zubereitungszeit: etwa 60 Minuten, Backzeit: wenige Minuten

Zutaten: 450 g Marzipan, 250 g Puderzucker, 150 g Mehl, 150 g Eiweiß, etwas Milch, Zimt und Vanille

Marzipan, Zucker und Mehl mit Eiweiß nach und nach zu einer glatten, breiigen Masse anrühren. Diese mit etwas Milch so verdünnen, dass sie vom Löffel läuft. Mit Zimt und Vanille würzen. Aus einem Karton ein Rechteck von 10 x 12 cm ausschneiden. Die Masse mittels der Schablone auf die gefetteten, bemehlten Bleche aufstreichen. Schablone entfernen und den Teig auf dem Blech im heißen Ofen bei 180 Grad Ober-/Unterhitze (160 Grad Umluft) ein paar Minuten backen. Sobald das ein bis zwei Millimeter dicke Gebäck anfängt braun zu werden, sofort vom Blech lösen und mit einem Holzstab aufrollen. Dann mit flüssiger Schokolade innen und außen glasieren und nach dem Erkalten mit Sahne füllen.

!ORIGINALREZEPT!

SCHUHSOHLEN -
Berta Halder, Rezept und Angaben zur Zubereitung von Hedi Wörz

Für dieses Rezept war Berta Halder bekannt. Sie nahm in ihrer fröhlichen Art gern Einladungen in geselligen Kreisen an, mit dem lapidaren Satz: „Ja, ich komme – bringe dann Schuhsohlen mit!" – Jeder wusste, was Bertas Mitbringsel war. Es handelte sich um ein Bätterteig-Gebäck.

30 Stück
Zubereitungszeit: zirka 30 Minuten, Ruhezeit: etwa 15 Minuten, Backzeit: 15 Minuten

Zutaten: 250 g Mehl, 250 g Margarine, 250 g Quark, Prise Salz, etwas Zucker

Zutaten zu einem Knetteig verarbeiten und 15 Minuten ruhen lassen. Dann Teig mehrmals (zirka 5 Mal) auswellen und wieder zusammenschlagen (wie Blätterteig). Teig auswellen, mit Form ausstechen, in Zucker wälzen und das Ganze nochmals mit dem Nudelholz wellen, damit der Zucker kleben bleibt. Gebäck auf ein mit Backpapier ausgelegtes Blech legen und bei 200 Grad Ober-/Unterhitze 15 Minuten backen.

»Deine Nahrungsmittel seien deine Heilmittel.«

Hippokrates

IM GESPRÄCH MIT HEDI WÖRZ – So bleiben Sie gesund

Hedi Wörz ist schon ihr ganzes Leben aktiv und mit ihren 91 Jahren immer noch erstaunlich gesund. Bekannt ist sie in Laupheim vor allem für ihre schwäbische Dichtung. Kater Blacky begleitet uns, während wir gemeinsam durch Hedis blühenden Garten laufen. Der frische Geruch von Minze weht zu mir herüber. „Wie bleibt man so lange körperlich und geistig fit?", möchte ich von ihr wissen. Hedi schmunzelt. „Die eigene Einstellung ist wichtig. Geistig aufmerksam und offen sein für Neues. Interesse zeigen." Sie lächelt. „Und das Leben leicht nehmen. Humor gehört dazu – und ein gesunder Lebenswandel: Alles in Maßen." Hedi zeigt auf die Kräuter in ihrem Beet. „Meine Kräuter sind mir wichtig. Ich mache daraus Tees, Salben und Tinkturen. Ich glaube, am besten ist es, selbst abzuwägen, und die Schulmedizin mit der Naturheilkunde zu verbinden." Hedi hat Recht. Es gibt vermutlich so viele verschiedene Heilungsmöglichkeiten wie es Menschen gibt – jeder muss wohl seinen eigenen Weg selbst finden. – Und dabei alles nicht zu wichtig nehmen. – Essen ist ja viel mehr als nur ein Medikament.

»Altes Brot ist nicht hart. Kein Brot, das ist hart.«

Deutscher Volksmund

„Frau Wörz, wie war Laupheim früher?" „Wenn ich an meine Kindheit denke: Einfach schön! Da war alles noch ganz anders. Es gab noch keine geteerte Straße und nur wenige Autos. Die fortschrittlichsten Transport- und Fortbewegungsmittel waren damals Fahrräder und Leiterwägen." Sie lächelt. „Das Wort Laupheim kommt übrigens wirklich von „Laub". Es gab die „Höhenanlage" und viele Grünflächen. Vor und hinter fast jedem Haus war ein Garten. Laupheim war die Gartenstadt. Und da war man stolz drauf. Jeder wollte den schönsten Garten haben. Man hat sogar Garten-Wettbewerbe gemacht. Auch wegen der schönsten Blumenbepflanzungen an den Gesimsen. Die Leute haben kein Geld und keine Mühen gescheut, damit alles toll aussieht. Es war eine Pracht." Ihre strahlenden Augen wandern zum Fenster. „Heute sieht man nur noch geschlossene Rollläden." Hedi überlegt. „Die Stadt war auch bergiger, viele Hügel wurden eingeebnet. Zum Beispiel der 'Budelhauserberg' (jetzige Schmiedstraße). Der war früher so steil, dass wir dort Schlitten gefahren sind. Oder der hintere Kirchberg und das Tannenbergele. Das sind übrigens die drei Berge auf unserem Wappen." Sie schmunzelt. „Um Laupheim herum gab es lauter Äcker. In der Nachkriegszeit, wenn die Bauern geerntet hatten, sind wir als Kinder mit unseren Leiter-

wägen zu diesen Äckern gelaufen und haben die übrigen Ähren aufgesammelt, zu Hause getrocknet und dann zur Mühle gebracht, damit wir Mehl hatten. Daraus hat man Spätzle und Pfannkuchen gemacht. Gebrannte Grießsuppe gab es ebenfalls öfters. Manchmal sind wir auch mit unserem Fahrrad zu den Bauern gefahren und haben um etwas Milch oder Schmalz gebettelt. Ganz oft haben wir nur Kartoffeln gegessen und dazu Milch getrunken. Zum Nachtisch gab es Apfelmus. Das war alles. Aber wir sind jeden Tag satt geworden und keiner hat am Essen herumgemeckert. Jeder hatte ja auch sein Gärtle mit Gemüse, Hühnern und Hasen. Übrig geblieben ist vom Essen meist nicht viel, aber falls doch, dann hat man damit am nächsten Tag ein neues Gericht gemacht. Da war meine Mama eine ganz große Künstlerin. Sogar wenn gar nichts mehr da war, hat sie noch etwas hergezaubert. Beispielsweise einen Brotauflauf oder Brei, zum Beispiel Schwarzmus. Das gab es eigentlich oft. Bei den Bauern jeden Tag. Das war fast unser Nationalgericht."

„Erinnern Sie sich an die Bäckersfrau Berta Halder?"
„Na klar! Die kannte jeder! Eine bescheidene Frau mit großem Namen. Das 'Urgestein' von Laupheim sozusagen. Eine echte Schwäbin, eine echte 'Schaffere'. Meist hatte sie eine bunte Kittelschürze an bis übers Knie und immer witzige schwäbische Sprüche drauf. Sie hat fast immer gelacht. Ganz im Stillen, ohne dass irgendjemand davon wusste, hat sie auch viel Gutes getan. Eine ganz edle Frau."

!ORIGINALREZEPT!

SCHWALBENNESTER - Mutter von Hedi Wörz - nachgekocht von Helmut Völk, Schlosscafé

Schwalbennester gab es meist zu Ostern, weil häufig vom Ostereiersuchen noch hartgekochte Eier übrig waren. Gut dazu schmecken Kartoffelpüree, grüner Salat oder Kartoffelsalat. Eingefleischte Schwaben bevorzugen Spätzle mit Bratensoße.

Zubereitungszeit: 20 Minuten

Zutaten: Hartgekochte Eier, Schinken in Scheiben geschnitten, dünne Schweine- oder Kalbsschnitzel, etwas Salz, Paniermehl, 1 rohes Ei

Hart gekochtes Ei mit Schinken umwinden. Ein gesalzenes Stück Kalbfleisch ebenfalls um das Ei winden und zunähen. Dann in Paniermehl und Ei wenden, anschließend in Öl backen. Zum Servieren das Ei halbieren, damit man das Eigelb sieht.

TIPP: Wenn man die Enden des Fleisches dünner ausklopft, hält alles auch ohne Bindfaden zusammen. Immer zuerst auf der Naht anbraten. Wie bei einem Wiener Schnitzel etwas mehr Fett in der Pfanne zum Braten verwenden.

RESTAURANT EBBINGHAUS –
Essen macht glücklich

»Eine Dame sprach mich vor 20 Jahren einmal an und sagte: „Sie haben einen tollen Beruf. Sie machen Menschen glücklich." Seitdem arbeitet dieser Satz in mir. Wenn ich merke, dass meine Gäste sich wohlfühlen und spüre, wie die Alltagslast von ihnen abfällt, dann bin auch ich glücklich.«

Peter Ebbinghaus

Wer im Restaurant Ebbinghaus einkehrt, darf seine Geschmacksknospen schon einmal bereit machen für ein ganz besonderes Erlebnis. Die Kreativität, mit der jedes einzelne Gericht dem Gast präsentiert wird, erzählt von der Neugier und Abenteuerlust des Kochs. Wenn man wie Peter Ebbinghaus kleine Essens-Kunstwerke aus aufregenden Düften, Aromen und Texturen komponiert, dann macht das glücklich. Wirklich glücklich. „Ich habe noch Wochen nach dem Restaurantbesuch von diesem Essen geträumt. Die Formen und Farben waren so eindrucksvoll, dass sie in meinem Kopf als Bild hängenblieben und die Gerichte hatten eine Kombination von Geschmack und Konsistenz, die ich so noch nie zuvor erlebt habe.", gesteht mir ein Gast. Die Geschmacksexplosionen auf seiner Zunge brannten sich in sein Gedächtnis als echte

'Glücksmomente'. Wer stellt da noch Fragen? Das Leben ist gut – was will man mehr? Genussvolles und gesundes Essen hat zweifellos eine große Bedeutung für Körper und Seele. Die Kochkunst von Peter Ebbinghaus: Einfach fantastisch und außergewöhnlich. Jeder Mensch sollte sich wenigstens einmal im Leben ein Essen von ihm gönnen. Peter Ebbinghaus hinterlässt nicht nur bei seinen Gästen kulinarische Spuren. Auch in seinen Feinschmecker-Kochkursen dürfen Interessierte in die aufregende Welt der Sinne eintauchen. Ein Besuch im Restaurant Ebbinghaus ist wie ein Kurzurlaub. Kostbare Momente des Genießens, der Ruhe und Entspannung in modernem Ambiente. Sämtliche Speisen sind selbst hergestellt. Die Produkte stammen aus dem eigenen Garten, der Region oder von den besten Lieferanten Europas. Bis zu 50 Gäste können hier feiern. Geboten werden verführerische und raffinierte Gerichte der mediterranen Küche sowie erfrischend natürliche Spezialitäten aus Oberschwaben.

SCHWARZBROTTORTE -
Originalrezept von Berta Halder - neu interpretiert von Peter Ebbinghaus

Das Rezept stammt aus dem hier abgebildeten Backbuch von Berta Halder. Dieses verkörpert geradezu das traditionelle Bäckerhandwerk. Früher wurde für die Schwarzbrottorte „altes" Brot verwendet. Grundsätzlich kann aber jedes Brot, das noch nicht vollständig trocken ist, verarbeitet werden. Im Restaurant Ebbinghaus verwendet man die Ebbinghaus-Stange (Vollkornteig mit Walnüssen und Kürbis) der Bäckerei Mast.

Für zirka 10 Personen, Zubereitungszeit: etwa 20-40 Minuten Backzeit: zirka 20-40 Minuten

Zutaten: 62 g Brot, grob zerkleinert, 85 g kräftiger Rotwein, 4 Eigelb, 4 Eiweiß, 62 g Zucker, 62 g Muscovadozucker, 80 g fein gemahlene, geröstete Mandeln, 20 g Mehl TYP 550, 2 g Backpulver, 1 g Zimt, ½ Zitrone-Abrieb, ½ Orange-Abrieb

Brot im Mixer grob zerkleinern und in Rotwein einweichen lassen – idealerweise über Nacht – damit es den Wein richtig aufsaugen kann. Die Eigelbe mit dem Zucker zirka 10 Minuten schaumig schlagen. Danach das Mehl und die Mandeln in die Eigelb-Masse einrühren, dann das eingeweichte Brot und die Gewürze hinzugeben. Jetzt das Eiweiß cremig schlagen, zuerst 1/3 des Eiweißes unter die Masse heben, dann den Rest. Alles in eine mit Butter gefettete Kuchenform geben und je nach Größe der Form zirka 20-40 Minuten bei 180 Grad Umluft backen. Sticht man mit einem Holzspieß in die Mitte des Kuchens und es bleibt kein Teig mehr daran kleben, dann ist der Kuchen fertig.

Zu dieser Torte passen sehr gut Früchte, am besten eingelegtes Dörrobst, Rumfrüchte, Vanilleeis und halb-steif geschlagene Sahne.

Tipp: Die Torte schmeckt frisch am besten. Sollte sie am nächsten Tag zu trocken sein, kann man die Kuchenstücke in eine Tasse Kaffee „tunken".

NEUE KULINARISCHE EXPERIMENTE MIT SCHWARZMUS

FISCH MIT MUSMEHL-PANIERUNG – neue Kreation Peter Ebbinghaus

Früher war Schwarzmus oft der letzte Notnagel, wenn nichts anderes mehr da war, das man essen konnte. In diesem Gericht vereint sich würzig knusprige Panierung mit saftig ehrlichem Fisch...Herrlich!

Zubereitungszeit: zirka 20 Minuten

Zutaten: Pro Portion zirka 150 – 180 g Fischfilet mit Haut, am besten fester, weißfleischiger Fisch, Lachs ist auch möglich, Weizenmehl, Ei und Musmehl

Den Fisch mit Salz und Pfeffer würzen, mit Weizenmehl mehlieren und durch ein Ei ziehen. Danach das Musmehl vorsichtig andrücken und in relativ viel Öl oder Butterschmalz braten.

TIPP: Den Fisch nur auf einer Seite, wenn möglich der Hautseite, mit dem Musmehl panieren. Das gibt einen schönen Kontrast und man kann den Garpunkt auf der Fleischseite leichter feststellen.

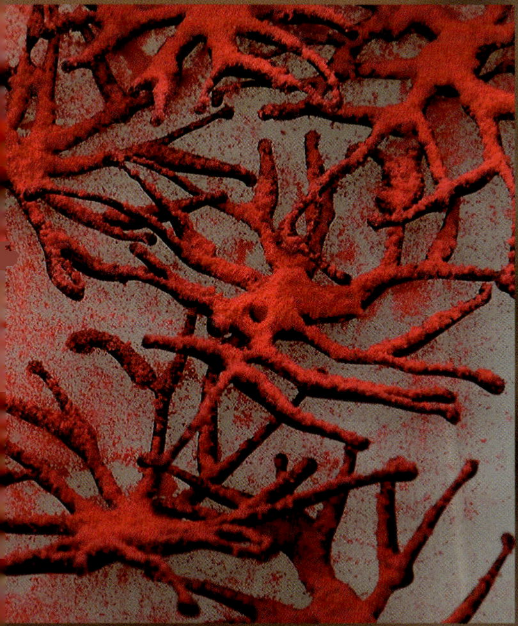

POLENTA VON MUSMEHL –
neue Kreation Peter Ebbinghaus

Das Spannende: Schwarzmus hat das Zeug zum neuen „Superfood". Obwohl das Gericht sehr alt ist, liegt es ernährungsphysiologisch voll im Trend. Schwarzmus ist nicht überfettet und hat wenig Kalorien. Es wird das volle Korn verarbeitet und es ist gut verträglich. Nicht zuletzt, weil es aus der Region kommt. Die Menschen sind die regionalen Lebensmittel von klein auf gewöhnt und vertragen sie deshalb am besten. Aus dem gleichen Grund sind Leinsamen für uns viel bekömmlicher als beispielsweise Chiasamen, auch wenn sie im Moment nicht genauso im Trend liegen.

Für 10 Personen,
Zubereitungszeit: zirka 20 Minuten
Kühlzeit: 24 Stunden

Zutaten: 1 l Gemüsebrühe, 200 g Schwarzmus-Mehl, 80 g gebräunte Butter, 50 g Olivenöl, 1 Zitrone-Abrieb, Salz, Pfeffer, Kreuzkümmel, mildes Curry, Cayennepfeffer und nach Geschmack Knoblauch

Die Brühe zum Kochen bringen und mit den Gewürzen kräftig abschmecken. Jetzt das Musmehl hinzugeben, mit einem Schneebesen ständig rühren und die ganze Zeit leise köcheln lassen. Nach zirka 10 Minuten wird der Brei „dicklich" und setzt am Topfboden etwas an. Jetzt nochmals abschmecken. Dann nach und nach das Olivenöl und die gebräunte Butter unterrühren, bis eine homogene Masse entsteht. In eine flache Schale abfüllen, glattstreichen und im Kühlschrank mindestens 24 Stunden erkalten lassen. Für die Zubereitung die Polenta in Streifen schneiden und bei schwacher Hitze in der Pfanne langsam bräunen. Sie sollte auf beiden Seiten eine Kruste haben.

SÜSSE VARIANTE DER MUSMEHL-POLENTA

Für zirka 6 Personen,
Zubereitungszeit: etwa 20 Minuten
Kühlzeit: 24 Stunden

Zutaten: 1 l Vollmilch, 200 g Musmehl, 150 g Vollmilch Kuvertüre, 50 g gebräunte Butter, ½ Vanilleschote (auskratzen, Mark davon)

Zubereitung wie Polenta von Musmehl. Nach Geschmack beispielsweise mit Erdbeeren und Erdbeereis garnieren. Herr Ebbinghaus hat noch eine selbstgemachte Erdbeerkoralle hinzugefügt. Dazu passen aber auch sehr gut Zitrusfrüchte, jegliches Obst, Fruchteis oder Sorbet.

!ORIGINALREZEPT!

SCHWARZMUS - altes Rezept aus dem Kochbuch der Mietinger Hausfrauen - nachgekocht von Irmgard Göller

Musmehl ist praktisch, einfach und lecker! Zusammen mit gesundem Obst weckt es die Lebensgeister und gibt Kraft. Ganz wichtig für den vollkommenen Genuss: zerlassene Butter zum drüber schmelzen: Da lacht die Sonne auf dem Teller! Man kann es würzig mit gerösteten Zwiebeln oder in einer süßen Variante mit Kompott oder Marmelade servieren.

Für 1 Person, Zubereitungszeit: 20 Minuten

Zutaten: 750 ml Flüssigkeit (250 ml Wasser, 500 ml Milch), 125 g Musmehl, 1 TL Salz, etwas Schweineschmalz oder Butter, eventuell geschmälzte Zwiebeln

Die Flüssigkeit zum Kochen bringen und mit dem Salz abschmecken. Das Musmehl hinzugeben, mit einem Schneebesen ständig rühren und dann leise köcheln lassen. Nach zirka 10 Minuten wird der Brei „dicklich" und setzt am Topfboden etwas an. Man nannte das früher die „Schuabat". Dieser verdickte Rand am Topfboden wird nicht weggerührt. Er gilt gerade als das 'Feine'. Und je länger man den Brei köcheln lässt, umso mehr bildet sich davon.

SCHWARZMUS ALS FRÜHERES NATIONALGERICHT – Im Gespräch mit Hedi Wörz

„Meine Mutter war eine ganz große Künstlerin im Kochen.", erzählt die 91-jährige Hedi. „Die war sowas von geschickt – wie alle Hausfrauen damals. Wenn es schier nichts mehr zu essen gab, dann hat sie noch etwas hergezaubert. Oft war das ein Teller voll Schwarzmus – das hat gereicht. Und schmeckt mir auch heute noch gut. Zum Beispiel als Mittagessen. Mit geschmolzener Butter und einer Handvoll gerösteten Zwiebeln. Ich esse es am liebsten zusammen mit kalten gekochten Kartoffeln. Mmh, lecker! Früher hat man Schwarzmus aus Tonschüsseln gegessen und Milch dazu getrunken. Immer abwechselnd: Einen Löffel Milch, einen Löffel Brei. Bei den Bauern war Schwarzmus das erste gemeinsame Frühstück vor Arbeitsbeginn. Auf dem Tisch stand eine große eiserne Kachel, aus der alle gemeinsam aßen: Der Bauer, die Bäuerin und das Gesinde, also die Knechte und Mägde. Die Bäuerin machte ein Loch in die Mitte des Muses, füllte dieses mit geschmolzenem Butter (im Schwäbischen sagt man 'der' Butter) und machte zwei Rinnen. In der ersten lief der Butter zum Bauern und in der zweiten zur Bäuerin. Alle anderen am Tisch gingen leer aus. Sie mussten sich ihr Schwarzmus ohne Butter schmecken lassen."

»Ich finde, ein Gericht muss praktisch, einfach und lecker sein, damit es Platz hat in unserem heutigen Alltag.«

Irmgard Göller,
Hauswirtschaftsleiterin
und langjährige
Volkshochschuldozentin
für Kochkurse

RÖSTKARTOFFELN MIT BLUTWURST – eigene Kreation von Irmgard Göller

Oft sind es die einfachen Gerichte, die unser Herz höher schlagen lassen. Kochen wirkt sehr entspannend und ich finde, schon wenn die Zwiebeln in der Pfanne rösten, lockert sich die Stimmung. Spätestens, wenn die Blutwurst zart zergeht, läuft einem das Wasser im Mund zusammen. Dazu serviert man frische Kräuter und Salat. Ein praktisches Gericht, wenn gekochte Kartoffeln vom Vortag übriggeblieben sind.

Für 1 Person, Zubereitungszeit: 20 Minuten, Bratzeit: zirka 10 Minuten

Zutaten: 4–5 gekochte und geschälte Kartoffeln (festkochend) vom Vortag, ½ Zwiebel, 50–100 g Blutwurst

Kartoffeln in Scheiben, Blutwurst in Stücke und die Zwiebel in feine Würfel schneiden. 1 TL Schweineschmalz in einer Pfanne erhitzen und Kartoffeln 5 Minuten unter mehrmaligem Wenden anbraten. Zwiebeln dazugeben und weitere 3 Minuten mitbraten, dann die kleingeschnittene Blutwurst unterheben.

Das elegante und modern anmutende Salatbesteck wurde 1934 von Friedrich Adler für die Bebrit-Werke entworfen. Um die künstlerische Lebensleistung des Laupheimer Designers zu würdigen, wird es seit kurzem wieder von der Gesellschaft für Geschichte und Gedenken e.V. nachproduziert und verkauft. (www.ggg-laupheim.de)

MÄLZEREI ZIMMERMANN –
Kleine Mälzerei-Geschichte

1928 gegründet, stellt die Mälzerei Zimmermann in Baustetten heute Karamell-, Münchner-, Pilsner-, Wiener- und Weizenmalz für Bier her. Im zweiten Weltkrieg durften die Brauereien nur Dünnbier herstellen, deshalb produzierten sie, statt Malz für Bier, Malzkaffee. Hierfür wurde Gerstenmalz geröstet, mit Zichorie (Gemeine Wegwarte, Heilpflanze des Jahres 2020) gemischt und zu Malzkaffee veredelt. Um den Kaffee-Ersatz auch als Mehl anzubieten, schaffte man einen großen Walzenstuhl an, der gleichzeitig zum Mahlen von geröstetem Getreide für das damals beliebte Musmehl diente. 'Zimmermanns Kaffee' der „Malzkaffeefabrik" (so hieß damals die Firma) war weithin bekannt. Auch in den ersten Nachkriegsjahren verkaufte sich Musmehl und der sogenannte 'Muckefuck' gut. Sie waren in großen Handelsketten wie Kaisers Kaffee, Gaissmaier, Kriegbaum oder BMA (Bernhard Müller Augsburg) erhältlich. Ab Mitte der Fünfziger Jahre stieg der Bierkonsum und die Brauereien hatten höheren Bedarf an Braumalz. Das führte auch in der Mälzerei Zimmermann zu Umstrukturierungen. Der Betrieb entwickelte sich kontinuierlich zu einer bedeutenden mittelständischen Mälzerei im Süden. Über 100 kleine und große Brauereien in Süddeutschland, Österreich, der Schweiz und Italien zählen heute zum festen Kundenkreis. Zusammen mit dem Warthausener Malz und FäserMalz aus Giengen bildet sie heute die SchwabenMalz GmbH.

»Wir versuchen den vielfältigen Anforderungen und besonderen Wünschen unserer Kunden gerecht zu werden.«

Ludwig Zimmermann

ZIMMERMANN-MALZ – DEM GUTEN BIER ZULIEBE

WIE WIRD AUS DEM KORN DAS MALZ?

Der Prozess vollzieht sich grundsätzlich in drei Schritten: Weichen, Keimen und 'Darren'.
Zuerst wird die Rohgerste in Silos und Keimkästen mit Wasser für 5–6 Tage einem kontrollierten Keimprozess unterzogen. Dann wird das Korn bei einer bestimmten Temperatur zu dunklem oder hellem Malz getrocknet. Danach kann es geröstet werden. Rösttemperatur und Röstdauer sind äußerst wichtig. Die Kunst dabei ist, aus dem Naturprodukt Gerste (das jedes Jahr unter anderen Witterungsbedingungen wächst) die verschiedenen Malzsorten als ein gleichbleibendes Produkt herzustellen. Das erfordert viel Fingerspitzengefühl und Erfahrung. Der Mälzer muss beim 'Beproben' während des Röstens den gewünschten Malztyp erschmecken. Malz unterscheidet sich von der Rohfrucht in Konsistenz, Farbe und der Komposition von Röst-, Rauch- und Saueraromen. Braumeister können aus einem breiten Farbspektrum an Malz auswählen (Bild unten, 2. von links).

HERSTELLUNG VON MALZKAFFEE UND MUSMEHL

Ein Grund, warum Musmehl und Malzkaffe früher so beliebt waren, ist sicher der ganz besonders feine Röstgeschmack des Mehls. Diese Veredelung des Korns wurde damals unter anderem in der Mälzerei Zimmermann vorgenommen. Während und nach dem Krieg war es üblich, dass die Bauern in einer Art Tauschgeschäft das Korn gebracht und dafür gleich Malzkaffee mitgenommen haben.
Im Gegensatz zum Malzkaffee wurde beim Musmehl das rohe Korn ohne den vorhergehenden Keimprozeß geröstet und vermahlen. Dafür kamen Roggen, Dinkel und Gerste in Frage. Das Schroten machte aus den gerösteten, rohen Getreidekörnern dann das Musmehl und aus den gerösteten Malzkörnern das Mehl für den Malzkaffee.
Früher wurde für das 'Beproben' eine kleine schwarze Versuchstrommel (von 1930) benutzt (Bild unten, 2. von rechts). Dabei musste man aufpassen, dass nicht alles Feuer fing. Hatte man so die richtige Temperatur und Röstdauer herausgefunden, wurde eine größere Menge Korn in Rösttrommeln mit einem Fassungsvermögen von 20 Zentner (entspricht einer Tonne) geröstet und im roten Walzenstuhl (Bild unten, 1. von links) vermahlen.
Heute bekommt man das frisch geschrotete Schwarzmusmehl vielerorts, beispielsweise in der Bäckerei Mast in Untersulmetingen, der Getreidemühle Braun Dellmensingen (Dellmensinger Mühle) und den Bio-Ecken mancher Lebensmittelmärkte.

»Eine Grieß-Suppe passt immer, sie sättigt und stärkt. Wenn es etwas herzhafter sein soll, wähle ich die eingebrannte Grieß-Suppe.«

Corona Wörz

GRIESS-SUPPE – Originalrezept von Magdalena Hänle 1904/1905 – nachgekocht von ihrer Enkelin Corona Wörz

Grieß-Suppe wurde oft in den Kriegs- und Nachkriegsjahren verzehrt. Corona Wörz, die Cousine von Ludwig Zimmermann, mag den feinen Röstgeschmack von Grieß. Der erinnert sie an ihre Kindheit. Aber auch heute, wenn es schnell gehen muss und nicht viel im Haus ist, kocht sie die Suppe noch gerne.

Für 4 Personen,
Zubereitungszeit: 10 Minuten
Kochzeit: 15 Minuten

Zutaten: Zirka 1 l Fleischbrühe, 4 EL Grieß, Butter, 1 Ei, Muskat, 1 Bund Schnittlauch

Den ungewaschenen Grieß direkt in die siedende Fleischbrühe einkochen und 15 Minuten unter fleißigem Rühren köcheln lassen. Etwas Butter gibt dem Ganzen noch mehr Geschmack. Vor dem Anrichten ein Ei verquirlen und unter ständigem Rühren in die Suppe einlaufen lassen. Mit Muskatnuss und Schnittlauch abschmecken.

GERÖSTETE (GEBRANNTE) GRIESS-SUPPE - ebenfalls aus dem handgeschriebenen Rezeptbuch von Magdalena Hänle, 1904/1905

Zutaten: Die gleichen wie bei Grieß-Suppe, zusätzlich noch Zwiebeln und eventuell Karotten

Zubereitung wie Grieß-Suppe, aber den Grieß zuerst in Butter oder Schmalz schön braun anrösten und dann mit Fleischbrühe ablöschen. Durch das Mitbraten von Zwiebeln kann man den feinen Röstgeschmack noch hervorheben. Auch Karotten können noch mit angebraten werden.

HINWEIS: Früher ließen die Leute nach gründlichem vorherigen Abschlecken ihren Suppenlöffel unter den Tisch verschwinden. Ob er in eine Tischschublade oder in eine andere Hängevorrichtung kam, ist nicht mehr ganz nachvollziehbar.

DIE KRONENBRAUEREI – LEIDENSCHAFT, HINGABE UND WISSEN FÜR EIN GUTES BIER

»Aus der Region - für die Region. Mit diesem Selbstverständnis brauen wir heute Bier mit natürlichen Rohstoffen, wie beispielsweise dem selbst hergestellten, heimischen Malz, Wasser aus eigener Quelle sowie feinstem Hopfen - getreu dem immer noch aktuellen Reinheitsgebot. Es geht uns darum, ein hervorragendes Bier zu brauen, das die Menschen in der Region als das ihre begreifen.«

Paul Johannes Eble, Braumeister

KLEINE BRAUEREIGESCHICHTE

Wir Deutschen gehören zu den führenden Biernationen der Welt. Wir sind Bierkenner, Bierliebhaber und -genießer! Unsere Brauereien verfügen über ein Jahrhunderte altes Wissen der Bierkultur und Braukunst. So auch die Kronenbrauerei.

Als Ludwig Eble 1753 das Braurecht erhielt, gab es acht Braustätten in Laupheim, aber noch keine Brauerei. Gebraut wurde das Bier im Wirtshaus Krone selbst, welches die Familie Eble betrieb. Als diese Braustätte zu klein wurde, errichtete die Familie in der dritten Generation das Brauereigebäude am Kirchberg und verlegte die Bierherstellung dorthin. Ab 1898 war die Biernachfrage so groß, dass die Familie nach 180 Jahren der gastronomischen Tätigkeit das Wirtshaus Krone verpachtete und sich ausschließlich dem Brauereibetrieb und der umfangreichen Landwirtschaft widmete. Aber es lief nicht alles reibungslos. 1915 wurde das Brauereigebäude ein Raub der Flammen. Trotz des großen Verlustes und der damaligen Kriegsverhältnisse begann die Familie sofort mit dem Wiederaufbau. Während des Krieges lief die Brauerei auf 'Sparflamme'. Wegen des Rohstoffmangels durfte nur noch das wenig geschätzte „Dünnbier" hergestellt werden. Mit den fruchtigen Limonaden Anfang der 60-er Jahre kam dann der Aufschwung. Neue Trends und Marktneuheiten bereicherten das Sortiment und ließen das Getränke-

1

2

3

4

5

portfolio der Brauerei ständig wachsen. In den letzten 50 Jahren entwickelte sie sich vom reinen Brauerei- und Mälzereibetrieb zum vielseitigen Produktions- und Dienstleistungsunternehmen. Heute beliefert die Kronenbrauerei Privatkunden, Gastronomie, Kantinen und Veranstalter von Events im Umkreis von 25 km mit 6000 Hektoliter Bier, 12000 Hektoliter Limonaden und 3000 Hektoliter Handelswaren pro Jahr.

VOM KORN ZUM BIER

Was braucht es, um ein gutes Bier zu brauen?
Außer Leidenschaft, Hingabe und viel Wissen nur 4 Zutaten: Malz, Hopfen, Hefe und Wasser. Die Qualität dieser Rohstoffe ist ganz entscheidend für den Geschmack des späteren Produktes.

Aber wie entsteht aus diesen Zutaten das Bier?
Die regionalen Landwirte liefern die Braugerste in der Kronenbrauerei selbst an. Diese wird dann in der hauseigenen Mälzerei zu Braumalz verarbeitet und im Silo gelagert. Zur Herstellung eines Sudes wird das Malz geschrotet und mit Wasser gemaischt. Über verschiedene Zeitabstände und Temperaturstufen wird der Malzzucker aus dem Malz herausgelöst und somit die Würze hergestellt. Diese wird eine Stunde mit Hopfen gekocht und anschließend abgekühlt. Der Hopfen verleiht dem Bier Charakter und bestimmt die Bittere. Er hat zusätzlich eine antiseptische Wirkung und somit Einfluss auf die Haltbarkeit des Bieres. Danach wird der nun fertigen Würze bei 6 Grad Celsius die Hefe zugegeben und die Gärung beginnt. Die Hefe wandelt den Malzzucker in Alkohol und CO_2 um. Die Hauptgärung dauert eine Woche, danach beginnt die Lagerung bei einer Temperatur von 1 Grad Celsius über einen Zeitraum von 5–6 Wochen. Hier erhält das Bier noch bei einer geringen Nachgärung seine geschmackliche Reife. Das nun fertige Bier wird in Fässer oder Flaschen abgefüllt. Ein Teil des Bieres wird filtriert, um ein blankes Bier genießen zu können. Der andere Teil verlässt als naturtrübe Bierspezialität (Kellerbier) die Brauerei.
Der gesamte Prozess des Bierbrauens dauert etwa drei Monate. Die besondere Herausforderung für den Bierbrauer hierbei ist, mit den jährlich wechselnden, natürlichen Rohstoffen ein möglichst konstantes Produkt herzustellen.

9

6

7

8

KRONENWIRTS BIER-ZWIEBELSOSSE - altes Familienrezept der Kronenbrauerei

Wir Schwaben sind 'Nass-Esser' und brauchen für alles ein feines 'Sößle'. Hier ein sehr altes Rezept der ehemaligen Wirtschaft Krone. Diese würzige Soße passt exzellent zu Maultaschen.

Für 4 Personen, Zubereitungszeit: zirka 10 Minuten

Zutaten: 3 Zwiebeln, 300 ml dunkles Bier, 3 EL Butter, 1 TL Zucker, 1 EL Mehl, Kümmel gemahlen, Salz, Pfeffer, eventuell etwas Johannisbeer-Gelee

Zwiebeln schälen, fein hacken und in 1 EL Butter goldgelb braten. Zucker zugeben, unter Rühren karamellisieren und braten, bis alles goldbraun ist. Mit dem Bier ablöschen und mit Salz, Kümmel und Pfeffer würzen. 2 EL Butter und 1 EL Mehl zu Mehlbutter verkneten. Diese zu den Zwiebeln geben, sanft kochen lassen und Sahne hinzufügen. Es schmeckt auch sehr lecker, wenn man etwas Johannisbeer-Gelee unterrührt.

MIT LEIDENSCHAFT UND HINGABE – Im Gespräch mit Roswitha Eble

„Schon seit über 250 Jahren verschreibt sich die Familie Eble dem „Dienst am Durst". Wie ist es, in einem solchen traditionellen Familienbetrieb zu arbeiten?"
„Wenn man in einem Familienbetrieb lebt, dann ist das natürlich schon mehr als nur ein Beruf. Es ist Leidenschaft, Freude und Lebenselixier zugleich. Unsere Kunden erreichen uns unter der Woche und am Wochenende bei Notfällen bis in die Abendstunden. Gerade in der Sommersaison, wenn große Veranstaltungen sind, kann es immer mal vorkommen, dass unsere Hilfe oder Nachschub benötigt wird. Wir wollen ja nicht, dass plötzlich irgendwo die Getränke ausgehen!" Sie lacht. „Es ist nicht immer leicht. Es gibt Situationen in jedem Unternehmen, die einen herausfordern und bei denen man am liebsten sagen würde „Jetzt habe ich genug". Aber am nächsten Tag sieht alles schon wieder anders aus und man findet fast für jedes Problem eine Lösung. Und wenn nicht sofort, dann später. Das entwickelt sich. Nur nie den Kopf in den Sand stecken!" Sie lächelt verschmitzt.

„Welches Gefühl verbindet Sie mit der Kronenbrauerei?"
„Die Kronenbrauerei ist ein Familienbetrieb in der 8. Generation. Man wächst da rein. Als ich hier eingeheirat habe, hatte ich keine Ahnung vom Brauereibetrieb. Aber je länger ich das mache, je mehr fühle ich mich der Familie und Tradition verpflichtet. Wenn ich in den alten Gemäuern des verzweigten Brauereigebäudes umherlaufe, empfinde ich große Wertschätzung und eine gewachsene, tiefe Vertrautheit. Man spürt die Festigkeit, Stärke und Beständigkeit, die in diesen Steinen steckt und dieses Gefühl lernt man auch zu leben."

DEFTIGE BIERSUPPE - nach einem Rezept von Roswitha Eble

Es gibt unzählige Varianten und sehr alte Rezepte von Biersuppen. Kaum ein anderes Gericht steht so sehr für die urtypische, schwäbische Küche. Absolut köstlich.

Für 4 Personen, Zubereitungszeit: zirka 50 Minuten

Zutaten: Zirka 200 g geräucherter Speck, 1 Zwiebel, 250 g Sellerie, 250 g Lauch, 1 Tasse feine Haferflocken, 500 ml Gemüsebrühe, 500 ml helles Bier, 250 g geriebener Käse (würzig), Salz, Pfeffer, 200 ml Sahne, Schnittlauch, 3 Scheiben Brot

Die Speckwürfel in einer Pfanne in Öl knusprig anbraten, herausnehmen und beiseite stellen. Das Gemüse kleinschneiden, anbraten und dann in einen Topf umfüllen. Haferflocken, Brühe und Bier hinzufügen. 40 Minuten köcheln lassen, dann die Suppe mit dem Stabmixer pürieren. Den Speck und Käse dazugeben und rühren, bis der Käse vollständig geschmolzen ist. Mit Salz und Pfeffer abschmecken und mit geröstetem Brot, einem Klecks geschlagener Sahne und Schnittlauchröllchen anrichten.

TREBERBROT – altes Familienrezept der Kronenbrauerei, nachgebacken von Roswitha Eble

Dieses Brot hat einen vollmundigen, kernigen Geschmack. Man genießt es am besten mit Butter, Salzbutter und Kümmel oder einem kräftigen, würzigen Käse und natürlich: einem guten Kronenbier!

Für 1–2 Brote
Zubereitungszeit: zirka 2 Stunden
Backzeit: 50 Minuten

Zutaten: 500 g Dinkelmehl Typ 1050, 1 Würfel Hefe, 250 g Treber (trocken), 300 ml dunkles Bier, 2 TL Zucker, 2–3 TL Salz, 1 TL Kümmel (gemahlen), 1 TL Koriander (gemahlen), 100 ml warmes Wasser

Mehl in eine Schüssel geben. Hefe und Zucker im warmen Wasser auflösen und ins Mehl einarbeiten. Den Teig an einen warmen Ort stellen und zirka 20-30 Minuten gehen lassen, bis er Blasen wirft. Treber, Salz und Kümmel zugeben und mit dem erwärmten Bier zu einem geschmeidigen Teig verarbeiten. Er darf nicht mehr am Schüsselrand kleben. Falls doch, nochmals Mehl hinzufügen. Teig 1 Stunde gehen lassen, bis er etwa doppelt so groß ist. Auf dem Backbrett dann nochmals mit etwas Mehl kräftig durchkneten und in eine gefettete Kastenform füllen. Wieder 30 Minuten gehen lassen. Backofen auf 200 Grad Ober-/Unterhitze (180 Grad Umluft) vorheizen. Das Brot mit Salzwasser gut bestreichen und zirka 50 Minuten backen. Während der Backzeit eine hitzebeständige Metall- oder Keramikschale mit 250 ml Wasser in den Backofen stellen.

TIPP: Treber ist ein hochwertiges Nebenprodukt, das während der Bierproduktion im Sudhaus anfällt. Es ist in der Kronenbrauerei erhältlich. Um Zeit zu sparen, kann man auch gleich eine größere Menge davon abholen und dann in Portionen von etwa 300 g einfrieren.

OMAS MUSMEHLKUCHEN -
altes Rezept von Franziska Kohn,
nachgebacken von ihrer Enkelin Roswitha Eble

Vorsicht! Dieser Kuchen hat Suchtpotential. Er tröstet über schlechtes Wetter und Liebeskummer hinweg. Nebenwirkungen: Stimmungsaufhellend. Schmeckt einfach unschlagbar gut.

16 Stücke,
Zubereitungszeit: 30 Minuten,
Backzeit: 45 Minuten

Zutaten: 375 g Musmehl, 300 g Zucker, 150 g Butter, 1 Tasse Mehl, 4 Eier, 8 EL Milch, 2 TL Zimt, 1 Prise Nelken, 1 Prise Muskat, 1 Päckchen Backpulver

Eigelb, Zucker und weiche Butter schaumig rühren. Gewürze dazugeben und nach und nach Mehl, Musmehl, Backpulver und Milch einarbeiten. Eiweiß mit einer Prise Salz zu Schnee schlagen und unter die Masse heben. Kastenform gut fetten und mit gemahlenen Haselnüssen ausstreuen. Den Kuchen bei 180 Grad Ober-/Unterhitze (160 Grad Umluft) 45 Minuten backen. Nach dem Auskühlen mit Puderzucker bestreuen. Unbedingt mit Schlagsahne genießen!

GASTHOF DREI MOHREN –
Heimat ist da, wo man nicht weg will

»Ich habe mich in die Seele dieses Hauses verliebt. Es erinnert mich an meine Kindheit.«

Vera Bukonja, Köchin und aktuelle Pächterin des Gasthofs Drei Mohren

EIN GASTHOF MIT GESCHICHTE

Der Gasthof Drei Mohren ist und war schon immer etwas Besonderes. Mit seinen über 600 Jahren gehört er zu den ältesten Gebäuden Laupheims. Die Verleihung des Marktrechts an den Ortsherrn im Jahr 1434 sorgte dafür, dass sich viele Gebäude und Gasthäuser am östlichen Teil des Marktplatzes sammelten. Dort entstand ein Marktviertel, das auch heute noch das Zentrum von Laupheim darstellt und mit seinen historischen Gebäuden eine echte Sehenswürdigkeit ist. Dazu gehörten die Schranne, um die sich kreisförmig die Gasthäuser zum Lamm und zum Adler, das Hotel zur Krone, die Weinstube zum Hasen und auch das damalige Amtshaus, der heutige Gasthof Drei Mohren ansiedelten. Bis 1799 war das Gebäude Rathaus, Schule und Dienstsitz des Schrannenmeisters. Dann erhielt es aufgrund eines bedeutenden Umbaus das Schankrecht und wurde zur Gastwirtschaft. 1897 erwarb die Familie Rieger das Anwesen und führte das Haus über vier Generationen. Hans-Peter Rieger („Morri"), Konditormeister und Koch, war hier über 40 Jahre bis 2005 als Schankwirt aktiv. Ein- bis zweimal in der Woche musizierte er im Gasthof mit Akkordeon und Quetsche. Auch andernorts unterhielt er die Leute bestens. Als urschwäbischer Humorist hatte er in der Region um die 1000 Auftritte. Es gibt nicht viele Hallen in Oberschwaben, die er nicht bespielt hat. Das zog urige und typische Gäste aus Laupheim und weit darüber hinaus zum Mohren. Auch die alten Rezepte der legendären Oma Centa waren als 'Schmankerl' sehr begehrt. Diese Tradition wird heute von der ehemaligen Köchin des Gasthofes, Vera Bukonja, weiter gepflegt.

Frau Bukonja kommt aus einer Gastronomen-Familie und kocht leidenschaftlich gerne. Heute führt sie den Gasthof Drei Mohren als Familienbetrieb. Die Speisekarte verbindet Tradition mit guter regionaler Küche. Es gibt viele Mohren-Stammtische, an denen getrunken, gegessen, gelacht und Karten gespielt wird. Ob jung oder alt, arm oder reich: Hier kann jeder in gemütlichem Ambiente und gut gelaunter, lockerer Atmosphäre das Leben unbeschwert genießen. Und sich über die Besonderheiten dort amüsieren.

!ORIGINALREZEPT!

GRÜNE KRAPFEN -
altes Rezept des Gasthofs Drei Mohren, überliefert von „Morri", nachgekocht von Vera Bukonja

Egal ob italienische Ravioli, chinesische Wan-Tan oder schwäbische Maultaschen. Nudelteig mit Füllung ist beliebt. Und „Grüne Krapfen" sind die Laupheimer-Ur-Variante dieses Welt-Stars. Sie stehen noch heute auf der Speisekarte des Drei Mohren. Perfekt auch für eine leckere Resteküche.

Für zirka 6 Personen, Zubereitungszeit: 1 Stunde

Zutaten für den Nudelteig: 300 g Mehl, 2 Eier, 1 TL Salz, etwas Wasser (alternativ 500 g fertiger Nudelteig)

Zutaten für die Füllung: 6 trockene Semmeln, 3 Eier, etwas Milch, 400 g Schweinebauch (Wammerl), 1 Bund Lauchzwiebeln, etwas Margarine, Fleisch- oder Gemüsebrühe, Schnittlauch

Aus den Zutaten einen geschmeidigen Nudelteig herstellen. In zirka 15 gleiche Teile schneiden und dünn ausrollen.

Für die Füllung die Brötchen in kleine Würfel schneiden. Eier und Milch verquirlen und über die Semmeln geben, durchmischen und dann in der Pfanne etwas anbraten. Zur Seite stellen und auskühlen lassen. Zwiebelröhrchen in Ringe und Schweinebauch in kleine Würfel schneiden und dann mit der Semmelmasse mischen. Teigstück füllen, zu einer Tasche einschlagen, den Rand mit etwas Wasser bestreichen und fest zudrücken. Die Teigtaschen in kochender Brühe zirka 10 Minuten ziehen lassen. In Rindsbrühe mit ausreichend Schnittlauch servieren. Man kann die Krapfen auch andämpfen und mit braunglasigen Zwiebeln und leckerem Kartoffelsalat genießen.

»Ich wollte schon immer, dass die Leute lachen und eine gute Zeit haben.«

Hans-Peter Rieger („Morri")

!ORIGINALREZEPT!

„KATZAGSCHROI" – altes Rezept des Gasthofs Drei Mohren, überliefert von „Morri"

Warum das Gericht diesen Namen trägt, lässt sich nicht zuverlässig beantworten. Aber praktisch und lecker ist es auf jeden Fall. Schwäbische Resteverwertung vom Feinsten!

Für 1-2 Personen, Zubereitungszeit: 20 Minuten

Zutaten: 250 g Rindfleisch gekocht (Rest vom Vortag), 1 Bund Frühlingszwiebeln, 2 Schalotten, 3 Eier, 1 EL Rapsöl, Salz, Pfeffer aus der Mühle, 400 g gekochte Kartoffeln (eventuell Rest vom Vortag)

Das gekochte Rindfleisch in feine Streifen schneiden, Schalotten schälen, Frühlingszwiebeln säubern und in feine Ringe schneiden. Kartoffeln bratfertig zerkleinern. Eier verquirlen. Öl in einer Pfanne erhitzen, Fleisch hinzufügen und anbraten. Kartoffelschnitze hinzufügen, Schalotten zugeben und ebenfalls mitanbraten. Eimasse darüber gießen und mit Salz und Pfeffer würzen. Die in Röllchen geschnittenen Frühlingszwiebeln zufügen und stocken lassen.

IM GESPRÄCH MIT „MORRI" – dem ehemaligen Wirt des Gasthofs Drei Mohren

„Herr Rieger, in diesem Gasthof sind nicht nur die Gäste einzigartig, sondern auch die Gastwirte. Woran erinnern Sie sich, wenn Sie an Ihre Zeit im Drei Mohren zurückdenken?"
„An meinen Vater Franz Josef Rieger. Ich bin in diesem Haus praktisch aufgewachsen. Mein Vater war ein gutgelaunter, lustiger Mann und ich denke, ich habe einiges von seinem Humor geerbt. Einmal verlor er eine Wette gegen seinen Freund, den 'Ratzabeck' (Bäckermeister) und verbrachte deshalb einen ganzen Vormittag mit nacktem Oberkörper und angeklebten Engelsflügeln als Engel 'Aloisius' in dessen Schaufenster.
Ich erinnere mich auch an einen ganz besonderen Gast, den Maurermeister Gustav. Ein Hüne von Mann mit riesigen Pratzen als Hände. Als die Fernseher um 1952 Einzug hielten, hatten auch wir im Mohren den ersten öffentlichen Schwarzweißfernseher. Einmal wollte Gustav auch mal Fernsehen. Da kam die Sendung '1:0 für Sie' von Peter Frankenfeld. In dieser zerriss Graf Luckner ein Hamburger Telefonbuch. Das wurde ganz groß aufgebauscht. „Gib mir auch mal ein Telefonbuch!" schnauzte Gustav. Ich gab ihm ein dickeres, das von Tübingen. Er riss es in der Mitte durch und schmiss es in die Ecke. „ So'n Scheißdreck! Telefonbücher zerreißen kann doch jeder Dackel!", hat gezahlt und ist gegangen. Ich hab ihn dann später nochmal gefragt: „Gustl, hast jetzt'n Fernseher?" und er brummte. „Ach was, so'n Scheiß! Telefonbücher zerreißen!"

Den Tisch Nummer 4 in der Gaststube hinten im Eck rechts auf der Fensterseite nennen wir den 'Schicksalstisch'. Komischerweise sind dort immer Leute gehockt, denen irgendwas passiert ist. Im guten oder schlechten Sinn. Einmal kam ein französischer Gast zu mir und sagte, „Dieses Haus hat mir viel Unheil gebracht!" Er war früher ein fescher junger Leutnant und pussierte mit der Frau vom Monsieur Le Colonel hier bei uns im Zimmer 4 (unser Schicksalszimmer). Der Colonel erfuhr davon und schickte ihn in den Algerienkrieg und danach ins gefährliche Vietnam."

Im Bild oben sitzen neben Herrn Rieger, Reinhold Ihle und Wilfried Spieß am 'Schicksalstisch Nummer 4'. Die beiden letzteren gaben für viele Jahre ab 1956/57 als Tamburmajoren mit dem Tamburstab den Takt für den Spielmannszug beim Heimatfest an.

„Herr Rieger, welche Besonderheiten gibt es im Gasthof Drei Mohren heute noch?"
„In diesem Gasthof kann man nicht nur Geld ausgeben, sondern auch sparen. Seit 1977 füttern die 24 Mitglieder des Laupheimer Sparvereins jeden zweiten Montag die Schlitze eines viereckigen Eisenkastens an der Wand mit Scheinen. Am Tag darauf wird das Geld dann bei der Bank eingezahlt. Und einmal im Monat kommen freitags Musiker in den Mohren und spielen Schlager, typische Blasmusik und Lieder zum Mitsingen."

LAUPHEIMER KINDER- UND HEIMATFEST

»Heimat ist da, wo man nicht weg will.«

Hans-Peter Rieger

...oder wohin man gerne wieder zurückkehrt.
Von 1927 bis 1939 fand das Heimatfest in Laupheim als jährliche Veranstaltung statt, davor war die Bevölkerung für regelmäßige Volksfeste zu arm. Nachdem die schlimmsten Kriegswirren 1949 überstanden waren, wurde das Heimatfest wieder aufgenommen. Seitdem lockt es jedes Jahr aufs Neue Laupheimer aus der ganzen Welt in ihr Heimatstädtchen zurück, um miteinander zu lachen, feiern und alte Freundschaften zu pflegen oder neue zu knüpfen.
Hans-Peter Rieger erlebte den Neuanfang des Fanfarenzuges 1949 als neunjähriger Junge. Die Musikinstrumente fehlten, denn die Franzosen hatten sie auf dem Boden in einem Bürgermeisteramt im Rottal eingelagert. Als Hans-Peters Vater davon erfuhr, holte er sie sich mit einer Handvoll Jugendlichen in einer Nacht-und-Nebel-Aktion zurück. Hans-Peter Rieger kletterte dabei durch das Fenster des Bürgermeisteramtes und warf die Instrumente hinaus. Die Jugendlichen fingen sie unten mit Betttüchern auf. Unangenehme Folgen blieben damals im Durcheinander der Nachkriegszeit glücklicherweise aus. Den Tamburstab, die Trommel von damals und Hans-Peter Riegers Stadtwappen-Wams gibt es aktuell noch im Schülerspielmannszug. Wenn 'Morri' heute den Fanfarenzug erlebt, bekommt er jedes Mal eine Gänsehaut.

DAS PROGRAMM

In der Mitte jeden Jahres im Juni/Juli findet fünf Tage lang das Laupheimer Kinder- und Heimatfest statt. Moderiert wird es seit über 30 Jahren von Hans-Peter Rieger. Es beginnt traditionell am Donnerstag mit dem Paradekonzert der Stadtkapelle Laupheim, dem Spielmannszug und der Eröffnung des Vergnügungsparks. Am Freitag zieht der Jahrgängerumzug durch die Strassen. Samstags findet der Sternmarsch mit den Gastgebern Ellerbach-Freyberg statt. Es folgt die Heimatstunde im Kulturhaus oder Rosengarten. Mit dem 'Wecken' (um 5 Uhr morgens) stimmen die Musikkapellen und Spielmannszüge den Sonntag als Haupttag des Festes ein. Um 13.00 Uhr darf man sich auf das Kernstück, den großen Festumzug freuen. Bekannt ist dieser für seine übergroßen Wagen im gesamten Festzug, die zum Großteil historisch und themengerecht jedes Jahr neu gestaltet werden. Das Feuerwerk im Olympiastadion sorgt für einen feierlichen Ausklang des Sonntags. Am Montag folgt der Umzug mit dem eingefügten Kreativteil der Schulen. Die früheren Kinderfestgebräuche an diesem Tag wie Wurstschnappen, Fuchsbau und Kletterbaum wurden leider abgeschafft, aber Liebhaber des Heimatfestes möchten alte Traditionen wie zum Beispiel das Adler-Schießen (Armbrustschießen) gerne wieder aufleben lassen.

DIE ROTTALMOLLE

Beim Jahrgänger-Umzug fahren die Kindergartenkinder in der 'Rottalmolle' mit. Sie erinnert an die Lokomotive der Normalspurbahn von Laupheim nach Schwendi, welche 1904 eröffnet wurde und Laupheim den lang ersehnten Stadtbahnhof brachte.

DER ERÖFFNUNGS- UND JAHRGÄNGERUMZUG

Er beginnt am Freitag mit dem Startschuss der Böllerkanone und den Laupheimer Böllerschützen. Dieser Umzug ist für viele ein Höhepunkt des Festes. Küsschen geben, Sachen umhängen, sich kennen und mögen. Das fühlt sich nach Heimat an. Dabei fallen den Jahrgängern die verrücktesten Dinge ein. Unter dem Motto „Zirkus" lief sogar im Jahr 2006 einmal ein Elefant mit. Walter Spleis, der erste Vorsitzende des Heimatfestausschusses, hatte ihn bei einem nahegelegenen Zirkus ausgeliehen. Die gutmütige Elefantendame war sehr gefräßig und musste immerzu gefüttert werden. Nur gut, dass der Gemüsewagen von Gärtner Botzenhart vor ihr fuhr, als die Futtervorräte nach der Hälfte der Strecke ausgingen und die Elefantendame sich dort auch noch bedienen durfte.

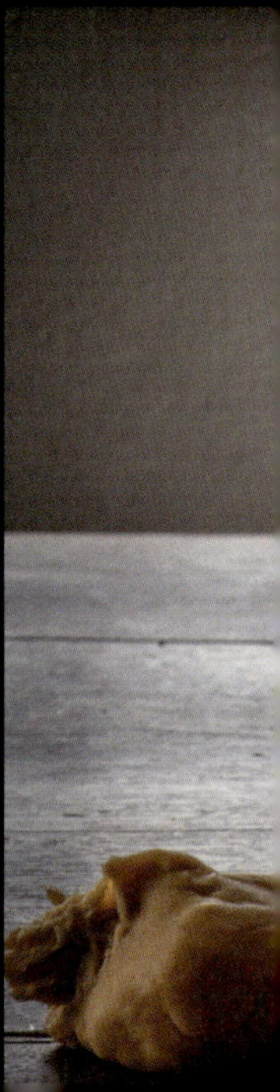

!ORIGINALREZEPT!

KRAUTKRAPFEN –
Oma Maria Scheffold, nachgekocht von ihrer Enkelin Simone Kiesle-Dietz

WAS MEINE OMA NOCH WUSSTE –
Simone Kiesle-Dietz erzählt

„Als junges Mädchen fuhr ich 1988 zu meiner Oma Maria Scheffold nach Mietingen, um zu erfahren, wie man Krautkrapfen macht. Mit Rezept und allem drum und dran. Meine Oma stellte also einen Messingtopf mit Wasser auf den Herd. Keinen normalen Topf nach heutigen Ausmaßen. Oma Maria dachte da in größeren Dimensionen. Und auch der Herd war noch einer der ganz alten Art – mit Eisenklappe vorne zum Befeuern. Ich fragte: „Ja, Oma, wieviel Wasser ist das denn?“ Sie überlegte und ich merkte, dass sie das noch nie abgemessen hatte. Es ging weiter mit dem Nudelteig. „Wieviel Mehl nimmst du da?“ wollte ich wissen. „Vier Hände voll.“, kam es als Antwort. Ich schluckte. „Und was mache ich, wenn es bei mir dann nichts wird?“ Meine Oma war kein bisschen verlegen. „Dann nimmst du das nächste Mal einfach etwas mehr.“

So verdanke ich meiner Oma nicht nur eine ganze Reihe von alten Rezepten, sondern auch die Erkenntnis, dass Rezepte auch zum Verändern und Ausprobieren da sind. Manchmal muss man Rezepte ganz genau nehmen, aber oft spielt es gar keine große Rolle, ob wir von der einen oder anderen Zutat ein paar Gramm mehr oder weniger nehmen. Probieren Sie es aus!“

1
Krautkrapfa

2

3

4

5

6

7

!ORIGINALREZEPT!

KRAUTKRAPFEN - Oma Maria Scheffold - nachgekocht von Simone Kiesle-Dietz, Dozentin für Kochkurse in der Volkshochschule Laupheim

Krautkrapfen sind ganz besondere Teigtaschen. Das Sauerkraut liefert eine Fülle gesunder Nährstoffe und die angebratene Zwiebel-Bauchspeckmischung sorgt für die deftige Würze. Frische Kräuter geben dem Poweressen den letzten Feinschliff.

Für 4 Personen, Zubereitungszeit mit Nudelteig: 2 Stunden (ohne Nudelteig: 1 Stunde)

Zutaten für den Nudelteig: 500 g Mehl, 2 Eier, 1 EL Öl, 150 ml Wasser (alternativ 500 g fertiger Nudelteig)

Zutaten für die Füllung: 750 g Sauerkraut, 1 große Zwiebel, 300 g Bauchspeck, frische Kräuter nach Geschmack, 250 ml Wasser oder Brühe, ½ TL Salz, 4 EL Öl (früher 40 g Schweineschmalz), Kümmel (gemahlen), Salz, Pfeffer, 2 Eiweiß

Aus allen Zutaten einen Nudelteig herstellen. Drei dünne, lange Flecken auswellen oder mit der Nudelmaschine walzen. Zwiebel und Kräuter klein schneiden. Das Sauerkraut in einer Pfanne bei mittlerer bis starker Hitze anbraten und so umrühren, dass es nicht anbrennt. Mit Salz, Pfeffer und gemahlenem Kümmel abschmecken. Bei Bedarf mit etwas Brühe oder Wasser ablöschen. Die fein geschnittenen Zwiebeln in einer zweiten Pfanne leicht anbräunen, Bauchspeck dazugeben und mitrösten, dann die Kräuter und das angebratene Sauerkraut hinzufügen. Die Nudelflecken mit Eiweiß bestreichen und darauf das in Bauchspeck und Zwiebel geröstete Sauerkraut verteilen, zusammenklappen, die Ränder andrücken und in 4 cm große Stücke schneiden. Zirka 100 ml Wasser mit Brühe und Öl in einem großen Kochtopf zum Kochen bringen. Sobald es kocht, die Krapfen in den Topf schichten. Mit der restlichen Brühe soweit auffüllen, dass die Krapfen gerade bedeckt sind und bei kleiner bis mittlerer Hitze etwa 20 Minuten garen. Dann sollte die Brühe vollständig verkocht sein. Mit geschmälzten Zwiebeln garnieren. Toll schmeckt dazu ein grüner Salat.

TIPP: Wer es noch würziger möchte, kann für die Füllung zusätzlich mit den Zwiebeln auch etwas Knoblauch anrösten.

»Die Qualität der Zutaten liegt mir sehr am Herzen. Ich denke, man sollte seinem Körper nur das Beste zuführen. Deshalb beziehe ich meine Zutaten direkt aus der Region. Unser Brot bekommen wir beispielsweise von einer Traditionsbäckerei aus Untersulmetingen, Likör direkt aus Laupheim, Gemüse vom Biohof in Biberach und das Eis vom Hofladen in Ringingen. Das Produkt muss außerdem frisch sein. Deshalb bin ich viel auf dem Markt. Und wir versuchen, das ganze Lebensmittel zu verwerten. Also so wenig wie möglich wegzuwerfen.«

Magnus Wilfert

SCHILDWIRTSCHAFT ZUM ROTHEN OCHSEN

Magnus Wilfert und seine Frau Sandra führen den heute neu restaurierten Rothen Ochsen seit 17 Jahren. Man spürt ihre Faszination und Begeisterung für gesundes und genussvolles Essen. Ihr Fokus liegt neben vortrefflichem Geschmack in der Verwendung bester lokaler und saisonaler Zutaten. Und die schmeckt man. 1776 wurde das Gasthaus unter dem Namen „Schildwirtschaft Daniel Leopold Einstein" erbaut und diente als Treffpunkt für die liberale Öffentlichkeit und Vereine, wie beispielsweise den Radfahrverein, Leseverein Concordia oder den jüdischen Gesangverein Frohsinn. Auch Carl Laemmle kehrte bei Heimatbesuchen immer dort ein und aß hier mit Vorliebe sein Lieblingsgericht, den Sauerbraten.

SO SCHMECKT HEIMAT

Wie schmeckt Heimat? Die Antwort ist naheliegender, als man denkt. Es ist der Boden auf dem wir stehen und die Luft, die wir atmen. Jeder Quadratmeter Land in unserer Heimat besitzt seinen eigenen mikrobiologischen Charakter und gibt den Zutaten, die wir darauf anbauen, einen ganz besonderen Geschmack. Man nennt das auch „Terroir" (Das Produkt erhält seinen Charakter durch die Natur, in der es lebt oder wächst). Es sind die Nährstoffe, die uns umgeben und auch schon vor Urzeiten ein selbstverständlicher Teil unseres Speiseplan waren. Unser Körper ist darauf programmiert, diese bestens zu verarbeiten.

Jetzt, da wir langsam genug haben von zuckerhaltigen Kohlehydraten und den geschmacksneutralen Erzeugnissen der Lebensmittelindustrie, bietet sich uns die Möglichkeit, unser natürliches Geschmacksgedächtnis wieder aufzufrischen – mit dem Geschmack der Heimat. Unsere regional produzierten Lebensmittel mit ihrem einmaligen Aroma machen es uns einfach, guten Geschmack auf den Teller zu bringen. Traditionelle Konservierungsmethoden (wie Einmachen, Entsaften und Trocknen) eröffnen uns weitere Geschmackswelten. Sorgfältig angebaute und gehegte Lebensmittel sorgen allgemein für eine bessere Gesundheit. Und wir helfen damit kleinen Erzeugern und Landwirten, unsere Landschaft so zu erhalten wie sie ist. Kleine Ökosysteme und regionale Landwirtschaft anstelle von großflächigen Monokulturen und gesellschaftliche Verbundenheit anstelle von Anonymität. Was in Italien, Frankreich, Spanien und vielen anderen Ländern der Welt schon lange selbstverständlich ist, wird auch für uns langsam wichtig: Das Kochen mit regional produzierten Lebensmitteln.

FLÄDLESUPPE -
Elise Henle, Rezeptbuch „So mag i's", 1892, aus dem Nachlass von Ernst Schäll - neu kreiert von Magnus Wilfert

Früher konnte man gar nicht anders als saisonal kochen. Heute weiß man: Was jetzt wächst wird auch jetzt gebraucht – in der Apfelzeit braucht unser Körper Äpfel und in der Karottenzeit Karotten…und Flädlesuppe, die braucht man immer. Sie ist ein altbewährtes urklassisches Gericht – ein Kraftspender.
Falls Sie Flädle vom Vortag übrig haben, können Sie natürlich auch diese verwenden.

Für 4 Personen, Zubereitungszeit: 2 Stunden

Zutaten für die Flädle: 125 g Mehl, 1 Ei, 150 ml Milch, 1 Prise Salz, gehackte Petersilie, Butter zum Braten

Zutaten für die Rinderkraftbrühe: 500 g Suppenfleisch (beispielsweise Tafelspitz), 3 Markknochen, 2 Zwiebeln, 1 Stange Lauch, 1 Bund Petersilie, 3 Möhren, 1 Knolle Sellerie, 2 Lorbeerblätter, 1 EL Pfefferkörner, 1 TL Pimentkörner, Salz, Schnittlauch

Für die Flädle Mehl in einer großen Schüssel mit Ei und Milch zu einem glatten Teig verarbeiten, mit einer Prise Salz verfeinern und die gehackte Petersilie unterrühren. In einer mittelgroßen Pfanne Butter zum Schmelzen bringen und bei mittlerer Hitze jeweils eine Kelle des Flädleteigs von beiden Seiten goldbraun anbraten, dann einrollen und in feine Streifen schneiden.

Für die Kraftbrühe einen großen Suppentopf ohne Fett erhitzen. Die Zwiebeln halbieren und darin anschwitzen. Möhren, Knollensellerie und Lauch klein schneiden und hinzugeben. Das Fleisch in kleine Stücke schneiden, beimengen und gemeinsam mit dem Gemüse etwa fünf Minuten braten. Dann mit etwa zwei Liter Wasser ablöschen. Die Brühe mit Lorbeerblättern, einem Bund Petersilie sowie Salz, Pfeffer- und Pimentkörnern verfeinern. Danach alles bei mittlerer Hitze ohne Deckel für etwa eine halbe Stunde köcheln lassen. Ab und an den Schaum abschöpfen, der sich durch die Eiweißbindung bildet. Anschließend die Suppe mit einem Deckel abdecken und für eine weitere Stunde bei schwacher Hitze köcheln lassen. Darauf achten, dass das Fleisch immer mit Flüssigkeit bedeckt ist. Brühe durch ein Sieb abschöpfen, Schnittlauch hacken und eine Möhre und etwas Knollensellerie in dünne Streifen schneiden. Die lauwarmen Flädle in einen Suppenteller geben und zum Servieren mit heißer Brühe übergießen. Mit Gemüsestreifen und Schnittlauch garnieren. Hierzu passt ausgezeichnet Weißwein.

SAUERBRATEN -
Aus dem Rezeptbüchlein von Caroline Henle, die 1882 den Komponisten Moritz Henle aus Laupheim heiratete - neu kreiert von Magnus Wilfert.

Vor 150 Jahren wurde viel geschmort, man hatte noch Zeit. Alle saßen in dem einzig beheizten Raum zusammen und zelebrierten das Kochen und Essen. Es gab es nur einmal in der Woche Fleisch und einmal Fisch. Die anderen Tage waren vegetarisch. Eigentlich genau richtig. Heute muss man aufpassen, dass das Essen nicht zu einer Nebensache wird. Mit diesem Gericht können Sie das Kochen und Essen wieder richtig zelebrieren.

Für 4 Personen, Zubereitungszeit: 2 ½ Stunden Einlegezeit: 4 Tage

Zutaten für den Sauerbraten: 1 kg Rinderfleisch (aus der Schulter oder Keule), 1 Bund Suppengemüse (Lauch, Sellerie und Möhren), 1 Zwiebel, 500 ml Rinderkraftbrühe, 200 ml kräftiger Rotwein, 150 ml Balsamicoessig, 2 EL Tomatenmark, 2 Lorbeerblätter, 5 Wacholderbeeren, 1 TL Pfefferkörner, 2 EL Honig, Salz, Pfeffer, Fett zum Braten

Bevor mit dem Kochen begonnen werden kann, muss das Fleisch eingelegt werden. Dies geschieht 4 Tage vor dem eigentlichen Schmoren. Dafür das Suppengemüse in kleine Stücke schneiden und mit Essig und Rotwein in einem großen Bräter vermengen.

Die Gewürze (Lorbeerbläter, Wacholderbeeren, Pfefferkörner) mit dem Honig und Tomatenmark verrühren, damit das Fleisch einreiben und in den Bräter geben. Darauf achten, dass es mit Flüssigkeit bedeckt ist. Den Topf abdecken und für vier Tage in den Kühlschrank stellen. Um das Fleisch noch intensiver zu marinieren, können Sie auch einen Gefrierbeutel verwenden. Dann nimmt es die Aromen der Zutaten noch stärker in sich auf. Dieser sollte im Idealfall vakuumiert werden.

Nach vier Tagen in einem Topf etwas Fett erhitzen und das marinierte Fleisch darin von allen Seiten anbraten. Den Fond, in dem das Fleisch mariniert wurde, mit Rinderbrühe aufgießen. Alles pürieren, mit Salz und Pfeffer würzen, zum Braten geben und mit geschlossenem Deckel bei mittlerer Hitze köcheln lassen. Je nach Geschmack und Konsistenz, den Fond mit Rinderbrühe verfeinern. Ist er zu wässrig, mit trockenem Brot binden. Den Braten im Fond für etwa zwei bis drei Stunden (je nach Größe des Bratens) bei zirka 130 Grad Umluft (150 Grad Ober-/Unterhitze) garen. Fleisch ab und zu wenden.

Für die Soße den Braten entnehmen und warm stellen. Etwas Butter in einer Pfanne mit Mehl anschwitzen und gemeinsam mit der Bratensoße mehrmals aufkochen. Durch einen Sieb passieren und mit Salz und Pfeffer abschmecken. Dazu passen sehr gut Spätzle und Rotkraut. Mit Kräutern garnieren.

ARME RITTER - altes Rezept aus dem Kochbuch der Mietinger Hausfrauen - neu kreiert von Magnus Wilfert

Das ist ein dankbares, superschnelles Gericht – und ein Seelenschmaus für Augen und Gaumen. Man kann es in einer süßen Variante genießen oder auch würzig mit Kräutern. Ursprünglich war es ein 'Arme-Leute-Essen', denn altes Brot gab es meistens. Und weil die Menschen sonst nicht viel hatten, machten sie daraus ein feines Gericht. So kann man mit übrig gelbliebenem Brot und Raffinesse etwas wirklich Edles zaubern. Es gibt viele alte Rezepte, in denen angetrocknetes Brot weiterverarbeitet wird. Grüne Krapfen, Schwarzbrottorte und Arme Ritter sind nur ein paar davon.

Für 4 Personen, Zubereitungszeit: 15 Minuten

Zutaten: 2 trockene weiße Semmeln (oder anderes trockenes Brot Ihrer Wahl), 250 ml Milch, 2 Eier, 60 g Puderzucker, 1 Prise Salz, Vanille, ½ TL Zimt, Paniermehl, 50 g Butter, je nach Geschmack mit frischen Erdbeeren und Vanilleeis servieren. Etwas Früchtelikör, Rhabarberkompott und Haselnusseis passt ebenfalls sehr gut dazu.

Milch, Eier, Puderzucker, Vanille und eine Prise Salz in einer Schüssel verquirlen. Die alten Semmeln in Scheiben schneiden und in der Milchmasse wälzen, bis sie weich sind. Nochmal in Paniermehl wenden und in Butter ausbraten, bis sie von beiden Seiten goldbraun aussehen. Nach dem Braten mit Puderzucker und Zimt bestäuben.

Zum Servieren die Erdbeeren vierteln und mit etwas Puderzucker süßen. Den lauwarmen Armen Ritter auf einen Teller geben und mit Erdbeeren oder Kompott und einer Kugel Eis garnieren.

TIPP: Wer keine Zeit oder Lust zum Kochen hat, kann die Flädlesuppe, den Sauerbraten und Arme Ritter auch direkt im Rothen Ochsen genießen. Auf der Speisekarte findet man zudem klassische schwäbische Varianten wie den Rostbraten und das Ochsenpfännle, internationale Gerichte, friesische Fischgerichte und individuelle Kreationen von Magnus Wilfert.

CARL LAEMMLE

1884 packte den 17-jährigen Carl Laemmle die Abenteuerlust und er heuerte gemeinsam mit seinem Freund Leopold Hirschfeld auf dem Segeldampfer „Neckar" zur 13-tägigen Überfahrt nach Amerika an. Grund: Er wollte einen echten Indianer sehen.

In New York trennten sich die Wege der beiden Freunde, aber sie blieben weiterhin in Kontakt. Carl verdiente sein Geld zunächst in der Verwaltung der Jeansfabrik Oshkosh in Wisconsin. Die ersten bewegten Bilder entdeckte er in einem Nickelodeon. Das war eine Art Kfz-Werkstatt, in der man ohne jeden Komfort für einen Nickel ein paar Sekunden Film betrachten durfte – also nichts Besonderes, aber es beflügelte Carl Laemmle so sehr, dass er 1906 das „White Front Theatre" in Chicago eröffnete. Ein ganz nobles Filmtheater mit weißem Anstrich und der ersten Klimaanlage überhaupt. Das bewarb er außen am Gebäude mit den Worten „The coolest cinema in town." Ein Besuch in diesem Kino war etwas Außergewöhnliches. Die Männer trugen dabei Schlips und Krawatte. Danach gründete er einen Filmverleih und 1912 die Universal Filmgesellschaft in New York.

1914 kaufte Carl im Alter von 47 Jahren ein Farmgelände im San Fernando Tal nahe Los Angeles und errichtete dort die größte Traumfabrik Hollywoods. Ein gewagter Schritt, geschäftlich aber wohl durchdacht. Dieses Tal war Billiglohnland ohne gewerkschaftliche Strukturen und bot für einen ganzjährigen Dreh im Freien die idealen Wetterverhältnisse.

Carl Laemmles Plan ging auf. 1915 konnte er die Universal City in Hollywood einweihen. Bei den ausschweifenden Feierlichkeiten zu seinem 50. Geburtstag am 17. Januar 1917 gab es in New York ein amerikanisch-schwäbisches Menü. Viele berühmte Gäste waren geladen, unter anderem Buffalo Bill und auch Leopold Hirschfeld. Der hatte inzwischen mit Süßigkeiten Karriere gemacht, die er nach dem Rufnamen seiner Tochter „Tootsie" benannte. Von seinen Schokoladenbonbons konnten die Amerikaner seit 1909 nicht genug bekommen. Bis heute sind sie als „Tootsie Rolls" sprichwörtlich „in aller Munde".

Auch in seiner erfolgreichsten Phase blieb Carl Laemmle seiner Heimat treu. „Man kann mir mein Laupheim nicht aus dem Herzen reißen.", sagte er einmal bei seinem jährlichen Heimatbesuch. Auch finanziell unterstützte er Laupheim durch Spenden, den Bau der Bühlerhalle und der Einrichtung eines öffentlichen Wannenbades. Mit seiner Körpergröße von 1,56 m war er nicht sehr groß – aber er bewies großen Mut – und hatte großartige Gedanken.

(Bild oben: Elisabeth Lincke mit der Aufstellfigur von Carl Laemmle im Museum zur Geschichte von Christen und Juden, Laupheim)

Carl Laemmles Markenzeichen:
Kleiner Mann, gestreifter Anzug mit Nelke im Knopfloch, schwarzer Stock, Fliege, Weste und schwarz polierte Schuhe. Wer mehr über ihn erfahren möchte, kann an einer der Führungen im Museum Laupheim teilnehmen.

AKZENT HOTEL LAUPHEIMER HOF – Augen zu und genießen

»Beim Kochen versuche ich möglichst alle Geschmacksfelder (süß, sauer, scharf, salzig, bitter) anzusprechen. Das macht das Geschmackserlebnis im Gaumen runder und stimmiger. Man weiß einfach: Dieses Gericht war klasse!«

Thomas Rössler

JETZT TU ICH MIR WAS GUTES

Thomas Rössler wollte schon als kleiner Junge Koch werden und die Welt entdecken. Er bereiste die Schweiz, Schweden, Amerika und Honkong. Von dieser Millionenstadt war die einzig mögliche Steigerung noch „Laupheim". Wirklich. Der Laupheimer Hof hat ihm und seiner Frau auf Anhieb gefallen. Diese Lust auf Veränderung, seine Leidenschaft fürs Kochen und die Freude am Experimentieren merkt man ihm an. Er bringt die euro-asiatische Küche nach Laupheim. Asiatische Gedanken allerdings, wie zum Beispiel „Alles verarbeiten und möglichst wenig verschwenden.", gibt es auch bei uns. Wir müssen nur zurück zu unseren Wurzeln. Thomas Rössler mag die schlichte einfache Küche unserer Großmütter. Klassiker der schwäbischen Küche stehen auch beim Laupheimer Hof auf der Speisekarte. Schmorgerichte zum Beispiel sind urige Gerichte, die guttun. Die stärkeren Aromen ermöglichen ein intensiveres Geschmackserlebnis. Man kocht, isst und weiß gleichzeitig, dass man sich etwas Gutes tut – und fühlt sich dabei rundum wohl. Augen zu und genießen!

DIE GESCHICHTE DER WIRTSCHAFTEN IN LAUPHEIM

Nach den napoleonischen Kriegen förderte der junge württembergische König Wilhelm I. den Hopfenanbau, um der verarmten Landwirtschaft auf die Beine zu helfen. Die Folge: Der Bierkonsum in Württemberg stieg von 1828 bis 1845 von 45 auf 108 Liter pro Kopf. 1877 hatte Laupheim hierdurch sogar die größte Wirtshausdichte im Königreich. Es gab 63 Lokale und 11 Brauereien. Eine Wirtschaft versorgte durchschnittlich nur 71 Einwohner.

Der steigende Bierkonsum steigerte den Hopfenbedarf, der 1884 seinen Höhepunkt erreichte. In diesem Jahr wurde das Hopfentrockenhaus gebaut, der heutige Laupheimer Hof. Die Exportware Hopfen wurde auch von den USA angeboten, was mit der eigenen Überproduktion hierzulande zu einem enormen Preisverfall auf dem Welt-Hopfenmarkt führte. 1918 wurde der Hopfenanbau schließlich in Laupheim ganz aufgegeben und auch das Hopfentrockenhaus wurde in anderer Form genutzt. Apotheker trockneten dort zentnerweise Kamille. 1984 wurde das Gebäude zum Hotel umgebaut und 1996 von Thomas Rössler erst als Pächter und 2004 als Inhaber übernommen. Es ist ein anerkanntes Kulturdenkmal. Heute verbindet das Akzent Hotel auf natürliche Weise den historischen Altbau mit moderner Wohlfühl-Architektur und Komfort. Man fühlt sich gut gebettet, himmlisch geerdet und kann dort in gelassener Atmosphäre zur Ruhe kommen. Tagungsräume und Catering stehen ebenfalls zur Verfügung. Dolce Vita in Laupheim für Reisende und Laupheimer.

WEIßSCHWÄMMLE -
Elise Henle, Rezeptbuch „So mag i's", 1892 - neu kreiert von Thomas Rössler

Luftig, süß und verführerisch. Diese Knusperteilchen gehen runter wie ein Kompliment.

Für zirka 5 Personen, Zubereitungszeit: etwa 20 Minuten

Zutaten: 3 altbackene Milchbrötchen, 3 Eigelb, 3 Eiweiß, 70 g Zucker, Abrieb von 1 Biozitrone, 1 Vanilleschote (das Mark), 40 g Paniermehl oder Panko (japanische Semmelbrösel), Butterschmalz, 80 g Zucker, 120 ml Weißwein

Milchbrötchen mit Raspel reiben. Dann Eigelb mit 35 g Zucker schaumig schlagen und mit Brotraspeln, Zitronenabrieb und Vanille mischen. Eiweiß mit 35 g Zucker zu Schnee schlagen und unter die Masse heben. Mit Löffeln zirka 3 cm große Klößchen formen und in Pankobröseln (oder Paniermehl) wenden. Im Butterschmalz schwimmend goldgelb ausbacken. Dazu passt ausgezeichnet saisonales Obst. Mit einem Pfefferminzblatt garnieren.

BOEUF À LA MODE -
Elise Henle, Rezeptbuch „So mag i's", 1892 - neu kreiert von Thomas Rössler

Geschmorter Rinderbraten: Ein richtiges 'Heute-verwöhn-ich-mich-Rezept'. Macht warm ums Herz. Alles in allem: ein Gedicht.

Ein echtes Boeuf à la mode hat einen kräftigen Fleischgeschmack. Die Soße darf Rückgrat und Ausdruck besitzen. Das erreicht man durch wiederholtes Anbraten und Runterkochen des Gemüses und auch durch die Zugabe von Schokolade und Gewürzen. In diesem Rezept sind relativ viele Gewürze. Man kann sie aber nach Geschmack reduzieren oder auch noch zusätzlich mit Thymian, Tomatenmark, Lorbeerblatt und ein bisschen Kardamom oder Piment ergänzen.

Für zirka 10 Personen,
Zubereitungszeit: etwa 1 Stunde
Schmorzeit: zirka 3 Stunden

Zutaten: 2 kg Schaufelstück vom Rind, 250 g Karotten, 150 g Lauch, 500 g Zwiebel, 150 g Knollensellerie, 25 g Knoblauch, 30 g brauner Zucker, 500 g Schältomaten, 700 ml Lemberger, 40 g Bitterschokolade, 500 ml Rinderbrühe, nach Belieben 1 Chili, nach Geschmack Salz, Pfeffer

Fleisch von groben Sehnen und etwas Fett befreien, am Stück gut anbraten und in einen Bräter geben. Das Gemüse klein schneiden, kräftig anrösten und ab und zu mit Brühe (oder Wasser, wenn keine Brühe zur Hand ist) und Rotwein ablöschen. Alle Zutaten außer dem Fleisch in einen Topf geben und weichkochen. Dann die Soße (nach Möglichkeit in einem Hochgeschwindigkeitsmixer oder mit dem Zauberstab) fein mixen und über das Fleisch gießen. Sie sollte kräftig abgeschmeckt sein, denn damit wird der Braten während des Schmorens gewürzt. Die Bindung der sämigen Soße kommt durch das Gemüse, man braucht prinzipiell also kein Mehl. Falls sie doch zu dünn ist, mit Stärke abbinden.

Fleisch komplett mit Soße abdecken und mit einem Deckel verschlossen im Ofen bei 150 Grad Ober-/Unterhitze (130 Grad Umluft) zirka 3 Stunden weich schmoren. Dabei ab und zu wenden. Wenn nötig auch länger schmoren, bis die Geleesehne weich ist. Das Fleisch sollte weich und zart sein, aber nicht zerfallen. In Scheiben schneiden und servieren.

Als Beilage eignen sich Dicke Spätzle oder Spätzle, ein Ragout von dem selben Gemüse, das angeschwitzt wurde, Semmelknödel oder gebackene Kartoffeln. Zu dem Gericht passt Rotwein, beispielsweise ein kräftiger Lemberger trocken.

TIPP: Am besten, man macht gleich eine größere Menge von diesem delikaten Braten (doppelt so viel) und friert ihn dann portionsweise mit der Soße ein. Das spart jede Menge Zeit.

SPÄTZLE – Thomas Rössler, Laupheimer Hof

Selbstgemachte Spätzle! Was gibt es Besseres auf der Welt für einen echten Schwaben?

Für zirka 5 Personen, Zubereitungszeit: etwa 30 Minuten

Zutaten: 350 g Dinkelmehl, 6 Eier, Salz, Pfeffer

Dinkelmehl, Salz und Pfeffer in eine Schüssel geben und Eier hinzufügen, dabei von Hand feste schlagen, bis der Teig einen schönen Glanz bekommt und Blasen wirft. Wasser mit Salz zum Kochen bringen. Dann das Holzbrett, auf dem man schaben möchte, vorne mit Wasser befeuchten. Hierdurch rutschen nachher beim Schaben die Spätzle ganz leicht vom Brett herunter und bleiben nicht kleben. Den Teig flach auf die trockene obere Hälfte des Brettchens streichen und mit der Palette (oder einem langen Messer) ins kochende Salzwasser herunterschaben. Ab und zu das Messer und die vordere Hälfte des Brettchens ins kochende Salzwasser eintauchen und dann weiterschaben.

DICKE SPÄTZLE – Neue Eigenkreation von Thomas Rössler, Laupheimer Hof

Entstanden ist diese Spätzle-Neukreation durch Zufall, als Thomas Rössler Reste des Spätzle-Teiges noch aufbrauchen wollte. Sie schmecken so zart wie ganz lockere Schupfnudeln und passen ausgezeichnet zum Schmorbraten.

Für zirka 5 Personen, Zubereitungszeit: etwa 30 Minuten

Zutaten: 350 g Dinkelmehl, 100 g Frischkäse, 6 Eier, 50 g Bergkäse, Salz, Pfeffer, nach Geschmack Muskat, Bergkäse

Alle Zutaten mindestens 10 Minuten in der Küchenmaschine kneten, bis die Masse glänzt und eine gute Bindung hat. Teig auf die Handfläche nehmen und mit einem Esslöffel, der vorher ins Wasser getaucht wurde, Spätzle von höchstens 1 cm Dicke abstechen. (Sehen fast aus wie Gnocchi.) Dann ins kochende Salzwasser geben und köcheln lassen, bis sie durch sind. In einer Pfanne mit etwas Kochwasser, gehackter Petersilie und Butter durchschwenken und anrichten. Reichlich Bergkäse darüber reiben.

DAS DREIFALTIGKEITSKLOSTER LAUPHEIM – NEUE LEBENSFREUDE UND ENERGIE

GERLINDE WRUCK ist evangelische Theologin und als Bildungsreferentin und Kräuterfachfrau für die Öffentlichkeitsarbeit und vieles mehr im Dreifaltigkeitskloster Laupheim zuständig. Es gab schon immer eine enge Verbindung der Kirche zu den Kräften der Natur. So befindet sich auch heute ein großer Bibelpflanzenpark und Kräutergarten in den idyllischen Außenanlagen um das Kloster. Diese nutzt Gerlinde Wruck unter anderem für ihre Seminare und die Herstellung von Salben und Tees. Hier kann sie ihre Liebe zur Theologie, Natur und den Heilpflanzen richtig ausleben.

»Ich bin immer wieder überwältigt von der Freundlichkeit und Herzlichkeit, mit der mir hier viele Schwestern begegnen.«

Gerlinde Wruck

DIE NATUR TUT UNS GUT

Früher hatte in Laupheim fast jeder einen Garten. Aber auch inmitten der Stadt ohne großen Garten kann der Traum von der eigenen Ernte wahr werden. Essen hat einen großen Einfluss auf unsere Gesundheit. Deshalb ist es gut, immer wieder neu über Nahrung, Nahrungsbeschaffung und die eigenen Essgewohnheiten nachzudenken. Sicher kann man als Topfgärtner nicht alles ernten, aber viel mehr als man denkt.

Folgende Pflanzen eignen sich unter anderem für den Anbau in Töpfen auf Balkonien:
Kräuter: Basilikum, Thymian, Rosmarin, Salbei, Oregano, Schnittlauch, Petersilie, Bärlauch, Minze, Zitronenmelisse, Liebstöckel, Koriander, Lorbeer
Gemüse: Pflücksalat, Tomate, Gurke, Paprika, Radieschen, Kohlrabi, Zucchini, Buschbohne, Rhabarber
Obst: Himbeere, Erdbeere, Brombeere, Kiwi, Johannisbeere
Blüten: Kamille, Borretsch, Rose, Lavendel, Ringelblume

DREIFALTIGKEITSKLOSTER DER STEYLER MISSIONARINNEN

Unser Kloster möchte ein Ort der Ruhe und Erholung sein für Leib und Seele. Ein Ort der Gespräche, Begegnungen, der Stille und des Gebets, um die eigenen Kraftquellen zu entdecken und sie mit anderen zu teilen. Das Dreifaltigkeitskloster ist Altersruhesitz für 55 Schwestern und steht zugleich Einzelpersonen und Gruppen zur Verfügung. Es gibt dort ein Tagungs- und Bildungshaus mit mehreren Tagungsräumen und zahlreichen kreativen und spirituellen Kursangeboten sowie einen großen Bibelpflanzenpark, Kräutergarten, Hildegardgarten und ein Labyrinth.

DIE STEYLER MISSIONARINNEN

Die Steyler Missionarinnen sind zurzeit rund 3000 Schwestern aus 50 Ländern, die in allen fünf Erdteilen ihrer missionarischen Berufung folgen. Gegründet wurde der Orden 1889 durch Arnold Janssen. Offen für die Bedürfnisse und Nöte unserer Zeit halfen sie in Laupheim beim Aufbau des Kreiskrankenhauses und Klosters, übernahmen Religionsunterricht an den Schulen und boten Kurzzeitpflege an. Heute engagieren sie sich ehrenamtlich in der Kirchengemeinde.

Sr. ALMATA DEPPLER ist für das Dreifaltigkeitskloster, wie auch alle anderen Schwestern, unentbehrlich. Nach ihren Tätigkeiten als Unterrichtsschwester in der Krankenpflegeschule und Provinzleiterin der Süddeutschen Provinz, übernahm sie für viele Jahre die Führung des Hauses. Auch in ihrem wohlverdienten Ruhestand arbeitet sie noch im Garten und an der Pforte.

MIT DER KRAFT DER SCHÖPFUNG

Immer schon war die Schöpfung in ihrer Schönheit und wunderbaren Ordnung Anlass für uns, Gott darin zu suchen. So hat auch die Heilige Hildegard von Bingen in ihrem Erstlingswerk „Scivias" (Wisse die Wege) beschrieben, wie Gott im Spiegel seiner Geschöpfe zu den Menschen unterwegs ist. Er will uns mit Hilfe der Schöpfung Wege zu uns selbst zeigen. Dabei wird dem Menschen viel zugetraut und er soll auch Verantwortung für sich und die Schöpfung übernehmen.

EMPANADAS -
altes Klosterrezept, nachgekocht von Gerlinde Wruck und Sr. Hildegard Ossege, Kommunitätsleiterin im Dreifaltigkeitskloster

Empanadas – Es gibt sie von Chile bis Mexiko in allen Variationen. Eine Art Ur-Empanada wird dem Koch Epainetos der Antike zugeschrieben, der aus Fleisch, Honig, Käse, Essig und Würzkräutern Teigtaschen gebacken und sie im alten Athen während Tragödienaufführungen verkauft hat.

Für 4 Personen, Zubereitungszeit: 25 Minuten, Backzeit: 20 Minuten

Zutaten: 3 Rollen fertiger Blätterteig, 250 g Zwiebeln, 250 g Rinderhackfleisch, 3 Esslöffel Öl, 10 Oliven, 2 Peperoni, 3 Esslöffel Tomatenmark, 2 Eier, Salz, Pfeffer, 2 Esslöffel Rosinen

Für die Füllung Zwiebeln, Peperoni, Oliven und hart gekochte Eier in Würfel schneiden. Zwiebeln in Öl andünsten, Hackfleisch hinzufügen und anbraten. Die anderen Zutaten beimengen und mit Salz und Pfeffer abschmecken. Aus dem Blätterteig mit einem kleinen runden Gefäß zirka 12 cm große Kreise ausstechen und in die Mitte 1 Esslöffel Füllung geben. Nun den Blätterteig zu einer Tasche zusammenlegen, die Ränder gut andrücken und ein paar Millimeter einschlagen. Nach Belieben mit Eigelb bestreichen. Bei 180 Grad Umluft (200 Grad Ober-/Unterhitze) zirka 20 Minuten backen.

TIPP: Die Empanadas schmecken warm und kalt gut. Perfekt als Fingerfood für Partys oder als kleine Belohnung zwischendurch.

HAFERFLOCKENKÜCHLE -
altes Klosterrezept, nachgekocht von Gerlinde Wruck und Sr. Hildegard Ossege

Ein echtes Expressmenü. So einfach und köstlich.

Für zirka 4-6 Personen, Zubereitungszeit: 20 Minuten

Zutaten: 8 EL Haferflocken, 4 EL Mehl, 1 TL Backpulver, 300 ml Milch, 4 Eier, Salz, Pflanzenfett zum Ausbacken, 1 EL gehackte Petersilie, 1 EL kleingeschnittene Schnittlauchröllchen oder Winterheckzwiebel, nach Geschmack auch andere frische Kräuter. Von den geschmacklich intensiven wie beispielsweise Oregano, Borretsch, Thymian, Giersch und Brennessel besser nur eine kleine Menge

Haferflocken mit Mehl, Backpulver und einer guten Prise Salz vermischen. Eier unterrühren, dann nach und nach die Milch zugeben, bis der Teig recht flüssig ist. Die klein geschnittenen Kräuter untermischen. Fett in der Pfanne erhitzen und darin jeweils portionsweise einen großen Löffel des Teiges von beiden Seiten goldgelb backen. Zu den Küchle passt gut eingemachtes Obst oder auch ein grüner Salat.

KRÄUTER-LIMO – altes Klosterrezept

Wenn man großen Durst hat, dann ist diese Limonade goldrichtig – noch Eiswürfel dazugeben und fertig ist der Sommerdrink. Angenehm durstlöschend durch die erfrischende Säure vom Apfelsaft. – Und die Zitrone verleiht dem Getränk noch den nötigen Kick. Limonade ja, aber nicht papp-süß, sondern gesund!

Zutaten: 1 l (Bio-) Apfelsaft, Zitronenscheiben, Saft von 1 Zitrone, 1 l Mineralwasser, verschiedene Kräuter je nach Jahreszeit (Beispielsweise 1 Bund Waldmeister, 5-8 Stängel Zitronenmelisse, Pfefferminze, Thymian, Giersch, Gundermann, Mädesüß-Blüten, Holunderblüten, Lavendel, Gänseblümchen, Duft-Rosen, Indianernessel (Monarde), Anis-Ysop (Agastache), Eibisch, Johannisbeer-Blätter, Himbeer-Blätter, Erdbeerblüten und -blätter)

Die Kräuter zusammen binden und in den Apfelsaft hängen. Blätter dabei kräftig ausdrücken. Flüssigkeit kühl stellen. Nach 1-2 Stunden die Kräuter heraus nehmen und anschließend den Zitronensaft und das Mineralwasser hinzugeben.

FITNESSDRINK – altes Klosterrezept

Ein Powerdrink voller Gesundheit zum 'Fit-bleiben'! Optimal für Sportler und alle, die sich viel bewegen. Diese Rezeptur verordnete schon der Pflanzentherapeut Maurice Mességué Mitte des 20. Jahrhunderts den Fahrern der Tour de France, zusammen mit einer Prise Salz gegen den Mineralienverlust und etwas Traubenzucker als schnell verfügbare Kraftreserve.

Zutaten: 6 Stängel frisches Bohnenkraut, je 1 Zweig Pfefferminze, Basilikum und Rosmarin, 1 l (Bio-) Apfelsaft

Die Kräuter 2 Stunden in den Apfelsaft hineinhängen und in die Sonne stellen. Ab und zu umrühren. Der erfrischende Drink wirkt konzentrationsfördernd und gibt spontane Energie.

Ganz herzlichen Dank für die Begeisterung, die wertvolle Zeit und das tolle Zusammenspiel von allen in diesem einmaligen Projekt.

Sabine Zolper

Über die Initiatorin des Projektes

Sabine Zolper leitet seit vielen Jahren die Volkshochschule Laupheim. Ihr Engagement für eine gute und gesunde Küche zeigt sich privat wie beruflich. Regelmäßig finden in der Volkshochschule neue Kochkurse statt. Ihr Jubiläumsgeschenk an die Laupheimer ist die Idee und Planung dieses Kochbuchs.

HERZLICHEN DANK AN ALLE MITWIRKENDEN

Unser Dank gilt allen Unternehmen, Gastronomen, Köchinnen und Privatpersonen, die an diesem Projekt teilgenommen haben:

12 Diana Schultze und Helmut Völk, Schlosscafé Laupheim, Claus-Graf-Stauffenberg-Straße 15, 88471 Laupheim, Tel.: 07392 9007985, www.schlosscafe-laupheim.de

14 Stefan Mast und Familie, Bäckerei Stefan Mast, Oberdorf 14, 88471 Untersulmetingen, Tel.: 07392 2293, brezel@baeckerei-mast.de

20 Nico Siepmann & Elisa Frank GbR, HERMES, Kapellenstraße 44, 88471 Laupheim, Tel.: 07392 9386293, info@hermes-laupheim.de, www.hermes-laupheim.de

26 Gudrun Bamberger, Café Moosmayer, Rabenstraße 20, 88471 Laupheim, Tel.: 07392 3553

32 Hedi Wörz aus Laupheim

36 Peter Ebbinghaus, Restaurant Ebbinghaus, Bahnhofplatz 2/1, 88483 Burgrieden, Tel.: 07392 6041, www.restaurant-ebbinghaus.de

38 Irmgard Göller, Hauswirtschaftsleiterin und Volkshochschul-Dozentin für Kochkurse in Laupheim

42 Ludwig Zimmermann, Mälzerei Zimmermann, SchwabenMalz GmbH, Malzstraße 8, 88471 Laupheim/Baustetten, Tel.: 07392 16999-0, mail@schwabenmalz.de

44 Corona Wörz, Cousine von Ludwig Zimmermann aus Laupheim/Baustetten

46 Roswitha und Paul Eble, Kronenbrauerei Laupheim, Kirchberg 5, 88471 Laupheim, Tel.: 07392 8345, www.laupheimer-bier.de

52 Vera Bukonja, Gasthof Drei Mohren, Marktplatz 20, 88471 Laupheim, Tel.: 07392 9679985

58 Simone Kiesle-Dietz – Volkshochschul-Dozentin für Kochkurse in Laupheim.

62 Magnus und Sandra Wilfert, Schildwirtschaft zum Rothen Ochsen, Kapellenstraße 23, 88471 Laupheim, Tel.: 07392 900730, www.rothen-ochsen.de

68 Thomas Rössler, Akzent Hotel Laupheimer Hof, Rabenstraße 13, 88471 Laupheim, Tel.: 07392 9750, www.laupheimer-hof.de

72 Gerlinde Wruck und die Steyler Missionsschwestern, Dreifaltigkeitskloster, Albert-Magg-Straße 5, 88471 Laupheim, Tel: 07392 9714-0, www.kloster-laupheim.de

Irmela Stark, Keramik Stark, Hinter der Burg 6, 88471 Laupheim, Tel.: 07392 17013, echt.stark-keramik@t-online.de

Familie Mock, mock. einrichtungen OHG, Rabenstraße 25, 88471 Laupheim, Tel.: 07392 3606, www.moebelmock.de.

Jutta Miller, CHIRON Naturdelikatessen, Schemmerbergerstraße 21, 88487 Baltringen bei Laupheim, Tel.: 07356 937700, www.naturdelikatessen.de, verkauf@naturdelikatessen.de

Dr. Michael Niemetz, Museum zur Geschichte von Christen und Juden, Laupheim

Gerd Winkler, Stadtarchiv Laupheim

Dr. Michael Koch, Museum zur Geschichte von Christen und Juden, Laupheim

Elisabeth Lincke, Gesellschaft für Geschichte und Gedenken e.V., www.ggg-laupheim.de

Marion und Dietmar Hofer, Martin Hämmerle Unikum Verlag UG, Marktplatz 4, 88131 Lindau, Tel. +43 664 4648013, www.unikum-verlag.de

Bettina Sommer, Laupheim TV, Thomas Haag, Laupheimer Leben und der Schwäbischen Zeitung für ihr Interesse an unserem Projekt

Christina McMullin, Landratsamt Biberach, für die Erlaubnis und tolle Organisation, um im Oberschwäbischen Museumsdorf Kürnbach, Griesweg 30, 88427 Bad Schussenried-Kürnbach, Tel.: 07351 526790, www.Museumsdorf-Kürnbach.de, Fotoaufnahmen zu machen

Elmar Braun, Bürgermeister der Gemeinde Maselheim, www.maselheim.de, für seine kunstvollen Holzobjekte, die wir für unsere Fotografien nutzen durften

Gerd Matthes der Spielkartenfabrik Altenburg GmbH, Leipziger Str. 7, 04600 Altenburg, Tel.: 03447 5820, www.spielkarten.com, www.werbe-spielkarten.com für seine Erlaubnis Altenburger Spielkarten abzubilden

Brigitte Angele, Ursula Ege und Wilma Zoller für ihre tollen Rezepte

Wir danken Helga Miller, die uns aus dem umfangreichen Archiv ihres verstorbenen Mannes Theo Unterlagen zur Verfügung gestellt hat

Unser Dank gilt zudem Michael Schick aus Laupheim, Walter Spleis, dem ersten Vorstand des Heimatfestausschusses, Ines Pinter, Antje Mauch, Josef Bruder, Elfriede Buck, Reinhold Ihle, Wilfried Spies und allen anderen, die sich für unser Buch begeistert und eingesetzt haben

Vielen Dank auch Dirk Zimmermann und allen Mitgliedern des Laupheimer Fotokreises e.V., www.laupheimer-fotokreis.de

Nicht zuletzt danken wir ganz herzlich Ralf Berg für seine großartige Unterstützung in allen Bereichen des gesamten Projektes

Gemeinsam grübelten, recherchierten und probierten wir immer wieder aufs Neue. Entstanden ist ein Buch voller schöner Erinnerungen. Sie und die Stadt Laupheim sind mir dabei ans Herz gewachsen.

Anja Kislich

Über die Autorin

Anja Kislich lebt und arbeitet als Autorin, Illustratorin und Literarische Agentin in Mietingen bei Laupheim. Anja faszinieren die schönen Seiten des Lebens. Deshalb veröffentlichte und verkaufte sie in den letzten zwei Jahrzehnten unter anderem zahlreiche Kinder-, Tourismus- und Kochbücher im In- und Ausland.

GANZ BESONDERS DANKEN WIR UNSEREN FOTOGRAFEN DES LAUPHEIMER FOTOKREISES.

Interessantes Projekt

Otto Marx

Die Stimmung bei den Shootings war immer super.

Klaus Stückle

Das ist Genussfotografie.

Jochen Dressler

Meine größte Fotogafische Erfahrung

Werner Schad

Der Beginn einer neuen Krautkrapfen-Freundschaft.

Robert Span

OHNE IHRE BILDER WÄRE DIESES BUCH NICHT DAS, WAS ES IST.

... mal was Neues ...

Axel Pries

Nette Menschen, neue Erfahrungen und jede Menge bleibende Eindrücke.

Monika Panzer

Das Licht muss stimmen – sonst wird's nichts

Peter Jansen

"Parsley, Sage, Rosemary & Thyme"

Birgit Ehrenberg

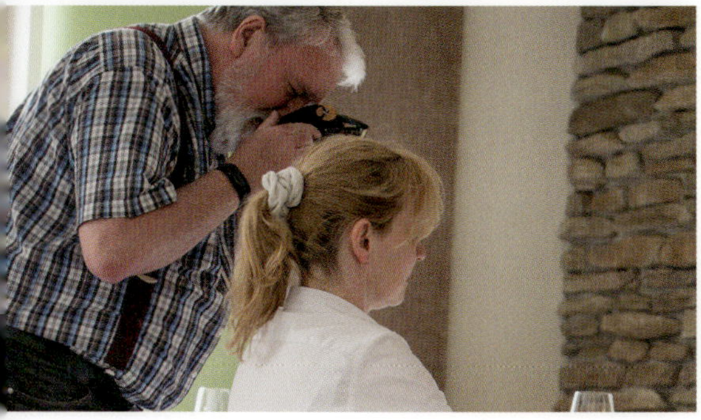

Bilder kann jeder verstehen – egal welche Sprache er spricht.

Peter Wahlenmayer

Essen ist viel mehr als die reine Nahrungsaufnahme

Johnny Krüger

Johnny Krüger hat mit seinen tollen Fotografien und der professionellen Bildbearbeitung ganz wesentlich zum Gelingen dieses Buches beigetragen. Wir danken ihm für seine Kreativität und seine wertvollen Ratschläge zur Gestaltung der einzelnen Buchseiten.

Vielen Dank auch an Wolfgang Schmid, durch dessen Erfahrungsschatz im Bereich Grafik und Satz dieses Buch sein ganz individuelles Aussehen erhielt.

BILDNACHWEIS

Einband	Johnny Krüger, Buchrücken Werner Schad/ Johnny Krüger
Vorsatz	Werner Schad/Johnny Krüger
1	(Zweiter Titel im Buch) Johnny Krüger
2, 3	Oberbürgermeister Gerold Rechle, Hintergrundbild Johnny Krüger
4, 5	Werner Schad/Johnny Krüger, Hintergrundbild Johnny Krüger
6	Monika Panzer
7	Klaus Stückle
8, 9	Johnny Krüger
10	Birgit Ehrenberg
11	oben links Johnny Krüger, oben rechts Birgit Ehrenberg, unten Johnny Krüger
12	oben Robert Span/Johnny Krüger, mitte Johnny Krüger, unten Robert Span/Johnny Krüger
13	Axel Pries
14, 15	Jochen Dressler, Hintergrundbild Johnny Krüger
16, 17	Jochen Dressler
18	oben und mitte Jochen Dressler, unten Monika Panzer, Hintergrundbild Johnny Krüger
19	Jochen Dressler
20, 21	Johnny Krüger, außer Hermeskopf rechts Peter Wahlenmayer
22, 23	Johnny Krüger
24, 25	Conditorei-Buch Isidor Adler, Museum zur Geschichte von Christen und Juden, Laupheim, Hintergrundbild Johnny Krüger
26	links Werner Schad, rechts Peter Wahlenmayer
27	Kuchen Robert Span, Conditorei-Buch Isidor Adler, Museum zur Geschichte von Christen und Juden, Laupheim

28, 29 Robert Span
30, 31 Kuchen links Robert Span, Kuchen rechts Werner Schad, Hintergrundbild Conditorei-Buch Isidor Adler, Museum zur Geschichte von Christen und Juden, Laupheim/Johnny Krüger
32, 33 links Werner Schad, mitte Foto Kapellenstraße von 1905, Museum zur Geschichte von Christen und Juden, Laupheim, rechts Klaus Stückle, Hintergrundbild Johnny Krüger
34 links Jochen Dressler, rechts Monika Panzer, Hintergrundbild Johnny Krüger
35 Jochen Dressler
36 links Peter Wahlenmayer, rechts Monika Panzer, Hintergrundbild Johnny Krüger
37 links Peter Wahlenmayer, rechts Jochen Dressler, Hintergrundbild Johnny Krüger
38 Robert Span/Johnny Krüger,
39 oben Axel Pries, unten Peter Jansen
40, 41 Johnny Krüger, ©Design Salatbesteck von Friedrich Adler: Museum zur Geschichte von Christen und Juden, Laupheim/Gesellschaft für Geschichte und Gedenken e.V.
42 oben Werner Schad, unten links und rechts Peter Jansen, Hintergrundbild Klaus Stückle
43 Peter Jansen
44, 45 Werner Schad, Hintergrundbild Johnny Krüger
46 oben, mitte, unten links, unten mitte Klaus Stückle, unten rechts Jochen Dressler
47 links Jochen Dressler, mitte Klaus Stückle, rechts unten Jochen Dressler, rechts oben Klaus Stückle, Hintergrundbild Klaus Stückle
48 Werner Schad
49 oben Werner Schad, mitte Monika Panzer, unten Werner Schad
50, 51 Monika Panzer, Hintergrundbild Axel Pries
52, 53 links Werner Schad, mitte Robert Span, rechts Birgit Ehrenberg
54 links Werner Schad, rechts Monika Panzer
55 links Klaus Stückle, rechts Werner Schad
56 links Otto Marx, rechts Johnny Krüger, darunter Foto Rottalmolle von 1905, Museum zur Geschichte von Christen und Juden, Laupheim
57 links Otto Marx, rechts Johnny Krüger
58, 59 links oben Werner Schad, links unten und mitte oben Robert Span, rechts oben Monika Panzer, rechts unten Robert Span
60 oben links und rechts Robert Span, mitte links Axel Pries, mitte rechts Robert Span, unten links Axel Pries, unten rechts Robert Span
61 Robert Span
62, 63 links Johnny Krüger, mitte oben Otto Marx, mitte unten und rechts Johnny Krüger
64, 65 links Birgit Ehrenberg, rechts Monika Panzer
66, 67 Hintergrundbild Johnny Krüger, rechts oben Axel Pries, rechts unten Werner Schad
68, 69 links und mitte links Peter Jansen, mitte rechts Jochen Dressler, rechts Birgit Ehrenberg
70, 71 links Peter Jansen, rechts Jochen Dressler
72, 73 ganz links und ganz rechts Werner Schad, alle anderen Peter Jansen
74 oben Peter Jansen, unten Klaus Stückle, Hintergrundbild Peter Jansen
75 oben Werner Schad, unten Peter Jansen, Hintergrundbild Peter Jansen
76, 77 Johnny Krüger
78 oben links Otto Marx, oben rechts Johnny Krüger, darunter links Klaus Stückle, rechts davon Birgit Ehrenberg, mitte links Johnny Krüger, mitte rechts Birgit Ehrenberg, unten links Werner Schad, unten rechts Axel Pries, ganz unten links Monika Panzer, ganz unten rechts Axel Pries
79 oben links Johnny Krüger, oben rechts Werner Schad, darunter links Axel Pries, rechts davon Birgit Ehrenberg, mitte links Werner Schad, mitte rechts Peter Jansen, unten links Monika Panzer, unten rechts Birgit Ehrenberg, ganz unten links Monika Panzer, ganz unten rechts Peter Wahlenmayer
80, 81 Johnny Krüger
82 (Nachsatz/Impressum) Werner Schad/Johnny Krüger